La Violence

COLLECTIF

La Violence
État des lieux

Éditions SCIENCES HUMAINES
OUVRAGES DE SYNTHÈSE

Conception couverture et intérieur : Isabelle Mouton
Crédit photo couverture : ©freepik.com

RETROUVEZ NOS OUVRAGES SUR :

www.scienceshumaines.com
http://editions.scienceshumaines.com

Diffusion/Distribution : Interforum

38, rue Rantheaume
BP 256, 89004 Auxerre Cedex
Tél. : 03 86 72 07 00/Fax : 03 86 52 53 26
ISBN 978-2-36106-922-3

Introduction

La violence, un objet d'étude en expansion

Qu'est-ce que la violence? Ce terme ne désigne-t-il rien d'autre qu'une catégorie floue du sens commun ou est-il un véritable concept? La réponse est tout sauf évidente. Quoi qu'il en soit, voilà un terme polysémique, dont on use et on abuse, surtout aujourd'hui, à l'heure des politiques sécuritaires. Le but de ce livre est de montrer que la violence correspond avant tout à un domaine de la recherche en sciences humaines, en pleine expansion et par ailleurs peut-être un des rares vrais lieux de la transdisciplinarité – souvent prônée, rarement pratiquée –, où se croisent l'histoire, l'anthropologie, la sociologie, la psychologie, les sciences de l'évolution ou encore les sciences politiques. Peut-on toutefois la définir? Entendons-nous sur une définition minimale : la violence est un acte consistant à user de la force (physique ou psychologique) de façon à contraindre quelqu'un (ou un groupe) à agir contre sa volonté.

Cette définition reste très générale et prête alors à la critique. Ce que ne manquent pas de faire dans un ouvrage classique d'anthropologie politique Jean Bazin et Emmanuel Terray : « Une telle catégorie, dans son indétermination, nous paraît trop solidaire au mieux d'une interrogation éthique, au pire d'une rhétorique politique ». Et d'ajouter : « Nous ne savons pas si la violence est "fondatrice", si elle inaugure l'Histoire, si elle est "essentielle" ou non aux sociétés primitives. Nous tiendrons volontiers ces questions pour indécidables[1]. » Le thème apparaît certes à la fois vaste et difficilement saisissable : existe-t-il un lien commun, plutôt qu'un lieu commun, entre un génocide, une guerre tribale, l'agressivité chez l'animal et les pulsions humaines, un suicide, la répression d'une manifestation par une brigade de police, des slogans racistes, des images de voitures qui flambent dans telle ou telle banlieue?

1- J. Bazin et E. Terray (dir.), *Guerres de lignages et guerres d'États en Afrique*, Éditions des archives contemporaines, 1982.

Rien n'est moins sûr. Mais est-ce une raison suffisante pour aller jusqu'à affirmer que la catégorie « violence » est indéterminée, voire vide de sens ? Tout l'enjeu de ce livre est de tenter de démontrer le contraire.

Les obstacles, en tout cas, sont nombreux pour penser la violence de manière générale. Michel Naepels notait à juste titre, dans un numéro ancien de la revue d'anthropologie *L'Homme*, que « à peine proposé, ce champ de recherche se délite, tant la définition même du concept est délicate[2] ». Et pour cause : si on veut envisager la violence comme un concept opératoire, on se rend compte que cela revient à tomber dans cinq des ornières les plus redoutables des sciences humaines, c'est-à-dire des problématiques sur lesquelles on achoppe encore à l'heure actuelle.

1°) Violence physique et violence morale (ou symbolique), dont on ne peut que reconnaître l'existence, ne relèvent pas du même ordre et sont donc difficilement comparables. Une insulte et un coup de couteau ne se comparent pas : on est donc confronté à l'opposition classique du corps et de l'esprit, chère à la métaphysique occidentale.

2°) La violence pose le problème des limites de la conscience, du « moi ». S'interroger sur l'acte violent revient à envisager la question du choix, du libre arbitre, de la volonté ou de la responsabilité. De nombreuses expériences (comme la célèbre expérience de Milgram) montrent que le libre arbitre semble limité dans les faits ; elles invitent même à s'interroger sur ses aspects chimériques... Se dresse ici, derrière l'opposition entre déterminisme social et choix personnel, celle séparant la conscience de l'inconscient.

3°) La violence ne se donne jamais pour telle, il faut toujours qu'on la nomme pour qu'elle existe : c'est l'aspect performatif de la notion[3]. Il existe une expérience individuelle, intime, phénoménologique de la violence (chez la victime mais probablement aussi chez le bourreau, voire chez l'observateur, qui ne peut être « neutre »). Mais la prise de conscience passe par une nécessaire interprétation, par la formulation de celle-ci. La violence n'est pas une donnée brute, matérielle : d'où la difficulté de la mesurer (comment prouver qu'il y a une « augmentation de la violence », comme se plaisent à dire régulièrement les médias ?). En outre, les conditions d'observation de la violence sont toujours faussées : soit elles sont différées (le témoignage d'une victime), soit

2- « Quatre questions sur la violence », *L'Homme* 177-178, janvier/juin 2006, 487-496.

3- E. Claverie, J. Jamin et G. Lenclud, « Une ethnographie de la violence est-elle possible ? », *Études rurales. Ethnographie de la violence* 95-96, 1984, 9-22.

elles sont truquées (l'expérience de Milgram simule la mort de l'élève : celui-ci est un acteur qui n'est pas réellement torturé par le cobaye). En aucun cas on ne peut imaginer pratiquer une « observation participante » d'un massacre.

4°) Par ailleurs, nommer la violence consiste à se positionner sur le terrain de l'éthique, c'est-à-dire à dire à décider de ce qui est bien ou mal, ce qui est juste ou injuste. Il s'ensuit que le chercheur prend une position d'autorité, ce qui n'est pas blâmable du point de vue de l'engagement politique, mais qui ébranle l'aspect objectif de ses recherches, à savoir la quête de vérités scientifiques.

5°) Enfin, toute réflexion sur la violence incite à s'interroger sur son substrat « naturel » : car on ne peut pas négliger, outre l'importance du contexte culturel et de l'idéologie, que l'acte violent a aussi à voir avec des notions telles que l'agressivité, les pulsions, la libido ou les hormones. On tombe également donc dans le vieux débat entre l'inné et l'acquis, loin d'être résolu malgré la complexification croissante des recherches sur la question depuis trente ans.

Ainsi donc toute interrogation sur la violence fait-elle surgir un grand nombre de problèmes extrêmement complexes et dont chacun d'entre eux est âprement débattu par un cercle de spécialistes.

Trop d'interrogations contribuent à brouiller l'intelligibilité de la notion de violence, et rendent ce mot opaque. Pour remédier à ce problème, il faudrait construire l'histoire détaillée de cette notion en sciences humaines. Pour aller au plus court, on dira ici que, dès le départ, la question de la violence s'inscrit avant tout dans la dualité opposant la nature humaine et la culture. Cela commence avec les théoriciens du droit naturel : Hobbes imagine la violence comme innée et préexistante à la vie en société, et Rousseau rend responsable la société, qui violente l'homme et pervertit sa bonté naturelle. Depuis lors, chaque auteur vient systématiquement se positionner quelque part sur la ligne qui va de la nature à la culture.

Régis Meyran

Table des matières

Cinquième partie
Les violences infantiles

Sixième partie
Les violences sexuelles

Première partie

D'hier à aujourd'hui

JEAN-FRANÇOIS DORTIER

VIOLENCE : DE QUOI PARLE-T-ON ?

La violence ? Un mot fourre-tout qui a le pouvoir d'englober un grand nombre de faits différents : guerres, homicides, viols, coups et blessures, insultes, harcèlement sexuel ou moral, etc. Leur point commun : faire mal volontairement. Mais au-delà de ce constat, comment y voir plus clair ? Quels sont les différentes formes et les degrés de violence dans le monde ? Comment éviter les amalgames quand le même mot vient désigner une gifle et un génocide ?

Un découpage en quatre grandes catégories – guerres, violences politiques, violences sociales et violences dans la sphère privée – permet de prendre la mesure d'évolutions majeures et, au passage, de faire un sort à quelques idées reçues.

• Les guerres

La guerre a longtemps désigné l'affrontement d'armées sur un champ de bataille. Traditionnellement, la guerre a opposé des clans, des cités, des États ou des empires. C'est dans ce cadre qu'ont été pensés la stratégie et l'art de la guerre.

Or, depuis un siècle, les conflits armés ont beaucoup évolué. On constate aujourd'hui un effacement des guerres entre États. En 2016, les conflits sont généralement intraétatiques ou « asymétriques ». Les premiers, comme en Syrie, en Afghanistan ou en Libye, ressemblent aux guerres civiles qui jalonnent l'histoire de l'humanité. Les guerres dites « asymétriques » opposent quant à elles des forces qui ne sont pas comparables : grande puissance contre groupe terroriste, mouvement de guérilla, ou encore État mal structuré ou non reconnu. Les attentats font partie de cette guerre de l'ombre. En quatre ans, la seule guerre en Syrie a fait 250 000 morts. Le chiffre impressionne. Mais rappelons ce qui se passait il y a vingt, cinquante et cent ans.

• **Il y a trente ans**, le génocide au Rwanda (1994) faisait 800000 morts; la guerre civile algérienne opposant le gouvernement aux islamistes du GIA, entre 60000 et 100000 morts; la guerre en ex-Yougoslavie (1991-1995) tuait 300000 personnes.
• **Il y a soixante ans.** Projetons-nous en 1966. Nous sommes au cœur de la guerre du Vietnam (1955-1975) qui fait entre un million et deux millions de victimes. 1966 marque aussi le début de la révolution culturelle en Chine. Les gardes rouges font alors régner la terreur. Le bilan est estimé à plusieurs centaines de milliers de victimes (certains évoquent le chiffre d'un million de morts), sans parler des 100 millions de personnes qui subirent la répression
En 1966 toujours, a lieu en Indonésie un « massacre oublié » selon l'expression de Jean-Louis Margolin. La répression des généraux contre les communistes, leurs familles et amis, accusés d'être à l'instigation d'un coup d'État, fait entre 500000 et un million de morts[1].
• **Il y a un peu plus de cent ans.** Nous sommes en 1916, en plein cœur de la Première Guerre mondiale qui fera en quatre ans plus de 9 millions de morts (soit 6000 par jour). Cette année 1916, le seul champ de bataille de Verdun fait plus de 700000 victimes en quelques mois.

Cette comptabilité, bien que macabre, permet de rappeler que le nombre de victimes de conflits armés n'a cessé de diminuer depuis la fin de la Seconde Guerre mondiale.

• La violence politique

L'État détient, selon une célèbre formule de Max Weber, « le monopole de la violence légitime ». La police, l'armée, la justice sont les instruments de cette forme de violence qui peut s'exercer sur toute une population, dans le cas des régimes autoritaires, ou sur une partie d'entre elles, quand la police opprime et humilie un groupe. La violence politique s'exerce aussi dans l'autre sens : de bas en haut lorsque se constituent des milices armées, des groupes insurrectionnels. Les mobilisations et les manifestations dégénèrent parfois en affrontements violents par une dynamique – mobilisation/répression/insurrection – dont l'histoire offre maints exemples : les révolutions arabes nous l'ont rappelé.

La violence des États contre leurs citoyens a évolué en un siècle avec celle des régimes politiques. Jusqu'à la Seconde Guerre

1- J.-L. Margolin, « Indonésie 1965 : un massacre oublié », *Revue internationale de politique comparée*, vol. VIII, 2001/1.

mondiale, la démocratie ne concernait qu'une poignée de pays ; les régimes autoritaires et totalitaires étaient majoritaires en nombre, étouffant les minorités, réprimant les opposants et matant sans ménagement les manifestations hostiles. Désormais, la démocratie est presque majoritaire dans le monde (près de 90 États sur les 193 membres de l'Organisation des Nations unies) ; avec elle, la violence d'État est loin d'avoir disparu, mais elle a baissé.

• Les violences sociales

Elles prennent d'abord la forme de la délinquance et de la criminalité violente : celle des homicides, braquages, coups et blessures. Comment ont-elles évolué ces dernières décennies ? Les évolutions les plus récentes attestant d'un retour de la criminalité dans les villes américaines[2] ne doivent pas occulter la tendance de fond sur une durée plus longue : leur chute brutale depuis vingt ans. Le même phénomène est observable eu Europe[3].

• Les violences familiales – violence conjugale et maltraitance des enfants

Moins connues que les déchaînements de violence publique, elles n'en font pas moins des ravages. Elles ne se limitent pas aux agressions physiques et sexuelles. Au quotidien, elles prennent aussi la forme du harcèlement moral, de la négligence ou de la maltraitance.

Il est difficile de mesurer l'évolution des violences familiales à partir des chiffres car l'on dispose de peu de données fiables sur le long terme. Le fait même que 44 États dans le monde, dont 27 des 47 membres du Conseil de l'Europe (mais pas la France[4]), ont interdit la fessée aux enfants en dit long sur l'évolution des mœurs. Il en va de même sur la violence faite aux femmes. L'augmentation des chiffres recensant les plaintes pour viols ou pour coups et blessures peut résulter aussi bien de notre moindre tolérance à l'égard de ces faits, poussant à porter plainte, que d'une hausse de ces violences.

2- G. Bravo Gava, « États-Unis : la criminalité augmente de nouveau dans les villes américaines », *Courrier international*, 2 septembre 2015 (en ligne).

3- A. Weinberg, « Pourquoi la criminalité chute », *Sciences Humaines*, n° 253, novembre 2013.

4- A.-A. Durand, « Autorisé en France, fesser un enfant est interdit dans 44 pays », *Le Monde*, 3 mars 2015 (en ligne).

Sur le long terme, l'histoire semble montrer une tendance à la réduction des violences : qu'il s'agisse des guerres, qui étaient le lot commun des sociétés antiques et au Moyen Âge, ou de la violence dans la sphère privée à la suite d'une « civilisation des mœurs » décrite par Norbert Elias. Cette tendance séculaire n'empêche pas l'existence de foyers de violences extrêmes qui surviennent localement[5]. Voilà peut-être le paradoxe de notre époque : le monde s'est globalement pacifié, tant au niveau des conflits guerriers que des violences publiques et privées. Les épisodes et poches de brutalité extrême ne sont pas près de disparaître, mais la focalisation sur ces foyers de violence risque de fausser le jugement. Ces violences barbares suscitent l'attention des médias, nous émeuvent et nous sont d'autant plus insupportables que nous nous sommes habitués à vivre dans un monde plus pacifique.

5- Voir R. Muchembled, *Une histoire de la violence. De la fin du Moyen Âge à nos jours*, Seuil, 2008, et S. Pinker, *The Better Angles of Our Nature. Why violence has declined*, Viking, 2011.

Le déclin de la violence, une thèse qui peine à convaincre

Dans un livre devenu célèbre, *La Part d'Ange en nous. Histoire de la violence et de son déclin* (Les Arènes, 2017), le psychologue Steven Pinker formule la thèse d'un déclin global de la violence. Sur le temps long, les mœurs se seraient pacifiées grâce entre autres à la monopolisation de la violence légitime par les États ou encore une moindre tolérance des individus envers la violence. Cette dernière ferait l'objet d'une plus forte réprobation notamment lorsqu'il s'agit des violences juvéniles. Cette thèse a été très fortement contestée, car elle apparaît comme contre-intuitive. Le sociologue Julien Damon, ferme soutien de Steven Pinker, explique les résistances à cette thèse par plusieurs facteurs : 1) le rôle des médias qui diffusent des informations et images chocs sur les violences, donnant ainsi l'impression d'un phénomène répandu et proche de nous (quand des évènements se déroulent parfois à des centaines, voire des milliers de kilomètres) ; 2) une moindre tolérance collective à l'égard de la violence (dès lors, tout phénomène violent même minime est relevé et condamné) ; 3) une extension du domaine de la violence à des pratiques qui semblaient banales auparavant (la « claque pédagogique » par exemple ou encore les violences sexuelles dénoncées par le mouvement #MeToo). « Dans une société plus policée, devient violence ce qui est, dans un environnement plus brutal, considéré comme normal », explique ainsi Julien Damon.

Maud Navarre

Source

- « Le Déclin historique de la violence : une thèse crédible ? » Julien Damon, *La Bibliothèque de Telos*, 27 septembre 2017 (en ligne).

Chez les jeunes, une banalisation de la violence

Dans son étude consacrée à la jeunesse et publiée en 2022, le sociologue Olivier Galland relève une plus grande tolérance des 18-24 ans à l'égard des violences et des actes de déviance. Il se centre en particulier sur les violences politiques (contre les institutions de l'État et les symboles de la République). Ainsi, 22 % d'entre eux trouvent justifié de recourir à la violence pour défendre ses idées contre 16 % des parents et 10 % des baby-boomers (grands-parents). La tentation du recours à la violence politique a changé de camp : elle s'est déplacée des étudiants de Mai-68 aux jeunes actifs. De nos jours, seulement 15 % des étudiants légitiment la violence pour défendre leurs intérêts, contre 25 % des jeunes en emploi et 23 % des jeunes chômeurs.

Deux critères sont déterminants dans cette acceptation du recours à la violence : 1) la tolérance envers les violences politiques est plus forte chez les jeunes politisés, notamment aux extrêmes (à l'extrême gauche un peu plus qu'à l'extrême droite). ; 2) cette tolérance est plus forte chez les jeunes qui rencontrent des difficultés d'insertion (peu diplômés, dotés de moyens matériels limités, originaires de quartiers ciblés par des politiques de la ville ou encore d'origine étrangère).

En revanche, la violence dite «privée» (contre des individus de la société civile : injures, comportements violents avec des proches) est nettement moins tolérée que les violences politiques.

S'appuyant sur un sondage réalisé par l'institut Harris, le sociologue en conclut que si cette tolérance à l'égard des violences perdure, elle pourrait à terme conduire à banaliser le recours à la violence et donc à freiner le mouvement séculaire du déclin de la violence.

M.N.

Source

• *20 ans, le bel âge ? Radiographie de la jeunesse française d'aujourd'hui*, Olivier Galland, Nathan, 2022.

Laurent Bègue-Shankland

Aux origines de l'agressivité

Des archéologues ont fait une découverte macabre en 2008 : ils ont exhumé les ossements d'une famille de treize personnes, portant des traces de blessures infligées par d'autres humains et datant de - 4600 ans, comme le rapporte une publication des *Comptes rendus de l'Académie nationale des sciences des États-Unis d'Amérique* (*PNAS*). De nombreux squelettes de femmes et d'hommes du milieu du Pléistocène (-2,6 millions d'années à -11700 ans) en Afrique, en Asie et en Europe comportent de tels traumatismes anatomiques, notamment crâniens. Sur plusieurs continents, dissimulés dans le sol ou sur les murs de cavernes, d'abondants vestiges témoignent de notre préhistoire sanglante. Ces signes de l'ancestralité de la violence humaine ont été analysés par l'anthropologue Lawrence Keeley, pour conclure que la guerre serait un phénomène universel. Trois enquêtes menées à l'échelon planétaire et auprès d'échantillons représentatifs de sociétés tribales et étatiques indiquaient que les formes extrêmes d'agression et les conflits armés touchaient 90 à 95 % des sociétés humaines connues.

Les violences mortelles ont cependant eu tendance à diminuer au fil de l'histoire. Le criminologue Manuel Eisner a montré que l'on comptait 40 homicides pour 100000 habitants au 15e siècle dans les grandes villes européennes. Au début du troisième millénaire, il s'élève désormais à environ 1 pour 100000 dans notre pays. Concernant d'autres formes de violence, diverses enquêtes confirment que l'image médiatique d'une épidémie doit être relativisée. S'il est indéniable que certaines formes d'agression se sont récemment développées (par exemple, le cyberharcèlement), une intolérance croissante pour les violences physiques et verbales et une plus grande préoccupation pour leurs victimes se manifestent aujourd'hui dans de nombreux pays.

On peut définir une agression (synonyme de violence dans ce texte) comme un comportement dont le but est de blesser délibérément une personne motivée à se soustraire à ce traitement. On peut en distinguer le caractère physique ou verbal, la dimension active (un coup de poing) ou passive (une omission volontaire et mal intentionnée) et le caractère direct (présence personnelle de la victime) ou indirect (propagation de rumeurs). Lorsqu'une agression est hostile, elle vise à infliger une souffrance ou à causer du tort à autrui, répondant souvent à une irritation circonstancielle ou à une injustice perçue. L'agression instrumentale correspond quant à elle à un comportement par lequel l'appropriation d'une ressource (territoriale, énergique, matérielle) ou l'expression d'une revendication statutaire sont prioritaires : ce n'est pas ses victimes qui sont visées mais un but tangible qui peut être matériel ou social comme le respect ou un regain de statut.

La colère du bambin

Entre 4 et 7 mois, on observe l'apparition chez les très jeunes enfants de formes de colère en réponse à des frustrations qui culminent entre 17 et 23 mois, avec une moyenne de 1,3 éclat toutes les 10 heures. Il s'agit généralement de pleurs, trépignements, coups de pied et projections d'objets. Ces conduites augmentent graduellement jusqu'à 24 mois. Leur fréquence diminuera fortement entre 24 et 60 mois par l'effet conjugué d'une maturation de leurs fonctions cérébrales exécutives, impliquées dans la régulation de leurs émotions et comportements, et des influences éducatives en présence, dispensatrices de puissantes normes de conduite.

Très tôt, il existe également des différences entre les enfants, fortement façonnées par le contexte social dans lequel ils grandissent et en interaction avec des dispositions psychobiologiques. Dès avant l'âge de 4 ans, environ 10 % des enfants se distinguent des autres par une plus forte tendance à l'agression qui reste quasiment aussi stable dans le temps que le quotient intellectuel. Les recherches sur le développement des enfants indiquent aussi que les différences entre garçons et filles sont précoces et restent encore significatives auprès de personnes âgées de 80 ans, les agressions physiques graves étant toujours plus fréquentes chez les hommes et les agressions relationnelles chez les femmes.

De nombreux facteurs environnementaux et familiaux déterminent les conduites agressives enfantines, et en premier lieu la manière dont leurs parents se comportent face à leur progéniture. Une étude consacrée aux styles éducatifs parentaux réalisée dans 60 sociétés différentes montrait ainsi que des enfants rejetés par des parents peu réceptifs à leurs besoins affectifs étaient partout dans le monde plus hostiles et plus agressifs que les autres. Les méthodes disciplinaires employées à la maison ou les institutions, comme l'usage de châtiments corporels, intensifient également les dispositions agressives des enfants. La présence de modèles parentaux ou pairs, qu'ils soient en chair et en os ou médiatisés (par exemple dans les contenus télévisuels) exerce aussi une influence significative notamment par les effets d'une désensibilisation ou l'élévation de l'accessibilité de pensées hostiles.

L'influence des pairs

L'agression est apprise et stimulée au contact des pairs agressifs : c'est ce que démontrent diverses recherches longitudinales. Par exemple, dans une synthèse statistique de la littérature scientifique qui cumulait 131 études indépendantes, totalisant près de 700000 participants, Paul Gendreau a montré que les prédicteurs statistiques les plus robustes de la criminalité adulte étaient respectivement : la participation à un réseau d'amis ou associés impliqués eux-mêmes dans des activités criminelles, l'expression d'attitudes favorables à la délinquance, le diagnostic de personnalité antisociale et des antécédents délinquants durant l'enfance ou l'adolescence. Le groupe délinquant initie et renforce la délinquance de ses membres à plusieurs niveaux. Il est dispensateur de normes et de justifications délinquantes, transmet des modes de conduite et de compétences techniques et fournit des gratifications matérielles ou sociales à ses membres.

Une culture de l'honneur

Les recherches interculturelles soulignent aussi que les sociétés où les enfants sont incités par leurs parents à être agressifs (souvent pour se préparer à la guerre ou à répondre à des normes sociales valorisant la force) se distinguent par une violence supérieure. Des travaux consacrés par Dov Cohen à la « culture de l'honneur » ont mis en évidence ses nombreuses expressions. Celle-ci a été observée dans plusieurs pays méditerranéens, au Moyen-Orient et dans les pays arabes, en Amérique centrale et Amérique du Sud. Même observation dans le Sud des États-Unis où la violence est plus fréquemment employée pour se protéger, ou pour éduquer les enfants ; et sa plus grande acceptabilité sociale est inscrite jusque dans la loi, qui est moins restrictive concernant la possession d'armes à feu, en réprouve moins l'usage pour se défendre, et se montre moins sévère envers les auteurs de violences conjugales.

Frustrations sociales

Par ailleurs, l'hypothèse d'un lien entre les frustrations sociales et les conduites agressives est confirmée dans bon nombre de travaux. Par exemple, une étude réalisée auprès de 14 000 personnes interrogées à un an d'intervalle a démontré que les personnes qui avaient perdu leur emploi entre-temps étaient six fois plus susceptibles d'avoir commis des actes agressifs. D'autres recherches ont montré que l'insatisfaction du public face à l'économie, la sécurité ou la situation politique étaient statistiquement reliées aux conduites délinquantes, et que les taux d'homicides étaient plus élevés dans les États américains où les revenus étaient les plus inégaux. Dans les entreprises enfin, un sentiment d'injustice accompagne fréquemment des comportements tels que les sabotages et les violences.

La cruauté envers les animaux, un indicateur prédictif

La question des corrélations entre les cruautés envers des victimes animales et humaines est traitée aujourd'hui de manière très systématique. La revue scientifique *Research in Veterinary Science* a recensé 96 publications consacrées à cette question depuis 1960. Dans 98 % des articles, les violences envers les humains et les animaux étaient reliées, ce que confirmait récemment la première enquête réalisée en France sur le sujet auprès de plus de 12300 adolescents.

La permanence de ce lien statistique a conduit plusieurs autorités publiques à s'intéresser à la manière dont les gens traitaient les animaux afin de déceler ou prédire les violences envers les personnes. Depuis 2015, la police américaine collecte des données sur les actes de cruauté envers les animaux domestiques, qui sont ensuite mises en relation avec des violences familiales ou des homicides.

En psychiatrie, le manuel de référence servant à catégoriser les troubles mentaux prend en compte depuis 1987 les violences commises envers les animaux pour diagnostiquer un problème de comportement.

Récemment, Simon Baron Cohen, professeur à l'université de Cambridge, a introduit dans le calcul de son coefficient d'empathie une mesure de cruauté envers les animaux. Dans certains pays, les travailleurs sociaux sont sensibilisés au sujet et comptabilisent les signes de maltraitance animale dans leurs indicateurs de problèmes familiaux.

L.B.-S.

À lire

• «Explaining animal abuse among adolescents : The role of speciesism», Laurent Bègue-Shankland, *Journal of Interpersonal Violence*, septembre 2022, 37.

Drogues : triple source de violence

Les drogues favorisent les conduites agressives pour trois raisons. La première tient à la régulation des conflits qui se produisent au sein du système de distribution de la drogue illicite. Il s'agit de la violence systémique, inhérente aux narcotrafics et à leur fonctionnement souterrain (60 morts et 250 blessés en France en 2020).

La deuxième raison est dite économique-compulsive et tient à la nécessité, pour certains consommateurs, de s'engager dans des actes de délinquance pour parvenir à financer leur consommation (l'héroïne et cocaïne notamment, du fait de leur coût).

Enfin, le lien entre les substances et la violence résulte des propriétés psychopharmacologiques des substances elles-mêmes, c'est-à-dire des perturbations psychologiques transitoires ou chroniques que leur ingestion produit chez les consommateurs. Ceci tient notamment aux effets suivants : la stimulation de l'activité physiologique et motrice, l'inhibition de l'anxiété, l'élévation de la sensibilité à la douleur, l'apparition d'illusions, menaces et idées paranoïdes, la perturbation temporaire de capacités cognitives, les effets neurotoxiques généraux, les frustrations induites par le sevrage, mais aussi les croyances relatives aux effets du produit.

Parmi les substances psychoactives, l'alcool est la plus fortement liée aux violences dans les statistiques de la violence, présente dans près de la moitié des cas d'homicides chez l'auteur ou la victime. Par ailleurs, selon une étude récente menée auprès de 67 000 étudiants dans l'enseignement supérieur, l'alcool étant présent dans 62% des tentatives d'agression sexuelle, 56% des agressions sexuelles, 42% des tentatives de viol et 43% des viols.

L.B.-S.

À lire

- *Drogues, alcool et agression. L'équation chimique et sociale de la violence*, Laurent Bègue-Shankland, Dunod, 2014.
- https://www.enseignementsup-recherche.gouv.fr/fr/une-etude-scientifique-montre-que-l-alcool-est-un-facteur-determinant-des-violences-sexistes-et-97513

Le modèle général de l'agression

Pour articuler plusieurs théories psychologiques fondamentales du comportement agressif, le modèle général de l'agression (MGA) organise les variables situationnelles et individuelles (schéma). Les variables individuelles comprennent certaines caractéristiques biologiques. Par exemple, la relation entre le rythme cardiaque et les propensions agressives apparaît comme la plus robuste de la littérature biosociale sur l'agression. D'autres variables endogènes comme le niveau d'activité du système nerveux autonome ou le fonctionnement cérébral ou hormonal ont fait l'objet de travaux développementaux ou expérimentaux approfondis.

Les caractéristiques psychologiques relèvent également des variables individuelles (psychopathie, traits d'irritabilité, narcissisme, troubles psychotiques, mais aussi croyances et attitudes de l'individu formées par ses appartenances collectives et sa culture).

Les variables individuelles interagissent avec la situation que sont, par exemple, la présence de facilitateurs comme les armes à feu, l'alcool ou des circonstances matérielles irritantes (température, entassement, bruit). Facteurs individuels et situations contribuent à déterminer l'état psychologique présent.

La dernière séquence proposée par le MGA implique un processus d'évaluation et de décision reposant sur des mécanismes cognitifs qui peuvent être automatiques (réalisés sans effort, de manière spontanée, et sans que l'individu en soit nécessairement conscient) ou cognitivement contrôlés. Le comportement qui suit est alors impulsif ou au contraire raisonné et calculé, et actualisé au terme d'une éventuelle réévaluation de la réponse. Cette conduite, que module le contexte (cadre physique, présence d'une audience par exemple, qui peut aggraver l'intensité d'une réponse agressive en cas d'encouragement perçu), influence les dispositions stables de l'individu et ses réactions possibles dans ses interactions futures.

L.B.-S.

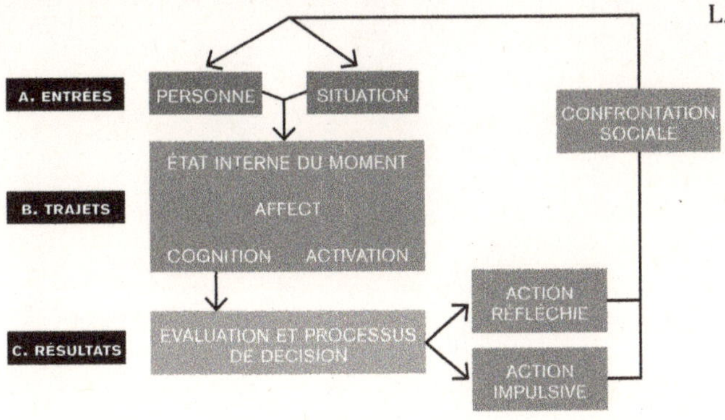

Martin Gibert

Les animaux sont-ils bestiaux ?

La notion de bestialité en dit sans doute davantage sur l'être humain que sur les autres animaux. En effet, en renvoyant à une brutalité extrême (un crime bestial) ou à une sexualité qui transgresse les frontières de l'espèce (la zoophilie), elle évoque une violence instinctive, non policée par la civilisation, un comportement indigne d'un humain. En ce sens, on peut dire que la bestialité est avant tout un concept moral. Et ce concept postule non seulement une exception humaine, mais aussi une supériorité d'*Homo sapiens* sur les autres animaux – deux thèses qui sont loin d'aller de soi pour les biologistes et les philosophes[1]. Mais, plus directement encore, la notion de bestialité suggère que le règne animal serait régi par une « loi de la jungle » déchaînée. Que faut-il en penser ?

L'altruisme chez les non-humains

La question est évidemment trop générale pour recevoir une réponse univoque : tout dépend de l'espèce, des individus au sein de cette espèce et du contexte dans lequel ils se trouvent. Contrairement aux carnivores, les herbivores n'ont pas besoin de tuer pour se nourrir. Au sein d'une même espèce, certains individus (comme les mâles alpha) peuvent assurer leur domination en étant plus agressifs que leurs pairs. Et, comme l'avait remarqué l'éthologue Henri Laborit, c'est la spécificité d'un contexte hostile qui fera qu'un même individu pourra tantôt attaquer et tantôt prendre la fuite.

Mais si la compétition et l'agression sont bien présentes dans le règne animal, l'altruisme et la coopération n'en sont pas pour autant absents. Ainsi, en laboratoire, des rats chercheront à libérer un congénère enfermé dans un tube de verre – à condition

1- Voir J.-M. Schaeffer, *La Fin de l'exception humaine*, Gallimard, 2007, et J.-B. Jeangène Vilmer, *L'Éthique animale*, 2e éd., Puf, coll. « Que sais-je ? », 2015.

toutefois qu'ils le connaissent préalablement. Les chercheurs y voient une forme d'empathie, cette aptitude à éprouver, par procuration, les mêmes émotions qu'autrui. Pour le primatologue Frans de Waal, auteur de *L'Âge de l'empathie* (2010), il ne fait guère de doute que c'est là une disposition que partagent – à divers degrés – au moins l'ensemble des mammifères.

Il est facile de comprendre d'où vient l'avantage évolutif de l'empathie : les parents – et en particulier les mères – qui sont capables de percevoir les besoins de leurs petits auront tendance à leur prodiguer des soins plus appropriés. Ils augmentent ainsi les chances que leur progéniture atteigne l'âge adulte, se reproduise, et réplique ses gènes. On n'explique d'ailleurs pas autrement l'émergence de l'empathie chez l'humain.

À cet altruisme, dit de parentèle, s'ajoutent des formes plus complexes comme l'altruisme réciproque ou même des comportements d'aide qui supposent de se mettre – cognitivement – à la place de l'autre. F. de Waal raconte notamment comment une femelle macaque sévèrement handicapée a pu survivre et se reproduire parce que ses congénères lui laissaient volontairement de la nourriture. Plus surprenant encore : il existe des cas d'altruisme interspécifique comme celui de cette femelle bonobo qui, ayant trouvé un oiseau assommé contre une paroi de verre, le transporta avec précaution au sommet d'un arbre et l'aida à prendre son envol.

Toutefois, l'arbre de l'altruisme ne doit pas cacher la forêt de la violence inhérente à la relation prédateur-proie. Lorsque des lions ou des babouins dévorent vivante une gazelle, ils ne témoignent d'aucun souci empathique pour leur victime. Certes, ces prédateurs n'étant pas des agents moraux responsables de leur acte, ils ne sont ni « bestiaux » ni condamnables au sens moral du terme. Pour autant, la violence de l'acte est tout aussi incontestable que les souffrances de la gazelle dont l'agonie peut durer des heures.

La violence de la prédation

De fait, pour le biologiste Richard Dawkins, « la quantité annuelle de souffrance dans la nature dépasse les limites du sens commun[2] ». Pour s'en convaincre, il n'est qu'à considérer les stratégies de reproduction. Pour les espèces à stratégie K[3], dont la durée de vie est longue (comme l'humain ou l'éléphant), il s'agit

2- R. Dawkins, *Le Fleuve de la vie. Qu'est-ce que l'évolution ?*, Hachette, 1997.

3- D. Olivier, « Refonder le progressisme », entretien avec Martin Gilbert, n° 2, *Versus*, automne-hiver 2015.

de prendre soin de sa progéniture pour la conduire à maturité. Dans une population, les adultes sont alors bien plus nombreux que les jeunes. Les espèces à stratégie r, en revanche, compensent l'absence de soin par un fort taux de fécondité. Si bien que dans une population donnée (comme les rats ou les grenouilles), le nombre de jeunes excède largement celui des adultes. Ces vies brèves impliquent dès lors autant d'agonies. Et même si la faim, la soif ou les maladies sont aussi en cause, on ne peut exonérer la prédation.

À ce propos, depuis quelques années, de plus en plus de philosophes se demandent si nous n'avons pas un devoir moral de réduire la souffrance des animaux sauvages. Et, dans l'hypothèse où nous en aurions les capacités techniques, jusqu'où faudrait-il aller ? Pour sa part, le philosophe utilitariste David Olivier ne s'interdit pas d'imaginer un monde où nous aurions rendu les lions végétariens : « La prédation entre les êtres sentients (c'est-à-dire capables de ressentir la douleur) existe depuis 600 millions d'années, mais ce n'est pas une raison de la "respecter[4]". » Le débat, à la fois passionnant et très controversé, est ouvert.

En attendant, le cofondateur des *Cahiers antispécistes* rappelle qu'en matière de souffrance animale, il en est une que nous pourrions sérieusement endiguer. Sans manipuler le génome des lions ni bouleverser les écosystèmes, l'être humain pourrait tout simplement cesser de manger des vaches et des cochons. Car nous envoyons chaque année à l'abattoir plus de soixante milliards d'animaux terrestres et un nombre incalculable d'animaux marins. En définitive, selon Yuval Noah Harari, l'auteur de *Sapiens* (2015), il y a de bonnes raisons de voir l'élevage industriel comme « le pire crime de l'histoire[5] ». Un crime bestial ?

4- Y. N. Harari, « Industrial farming is one of the worst crimes in history », *The Guardian*, 25 septembre 2015.

5- **Stratégie K/r :** Le modèle évolutif K/r désigne deux stratégies de reproduction des espèces animales selon leur environnement. La stratégie K caractérise les espèces ayant une durée de vie longue, favorisée par un environnement hospitalier. Elles se reproduisent rarement et tardivement. La stratégie r, à l'inverse, concerne des espèces à durée de vie courte, à cause d'un environnement instable et imprévisible. La reproduction intervient rapidement afin de se perpétuer.

LAURENT BÈGUE-SHANKLAND ET MAUD NAVARRE

PSYCHOLOGIE DE LA VIOLENCE
TROIS EXPÉRIENCES FONDATRICES

Sommes-nous tous des bourreaux en puissance? Des années 1970 à aujourd'hui, des psychologues sociaux ont imaginé des protocoles pour élucider cette question.

• Stanley Milgram, la soumission à l'autorité

Lorsqu'il a entrepris ses recherches à Yale durant les années 1960, Stanley Milgram cherchait à prouver que des « personnes ordinaires, faisant simplement leur travail et sans hostilité particulière », pouvaient devenir des « agents dans un terrible processus de destruction » (Soumission à l'autorité, 1974).

Dans sa première étude, le psychologue avait recruté 40 volontaires qui recevaient l'équivalent de 25 euros d'aujourd'hui. S. Milgram leur faisait croire qu'ils participaient à une étude sur la mémoire et l'apprentissage. Ils rencontraient un « expérimentateur », personnifiant l'autorité scientifique, et un homme appelé « l'apprenant ». Les participants endossaient le rôle de « l'enseignant » : ils posaient des questions à l'apprenant et, à chaque erreur, devaient lui administrer une décharge électrique pouvant aller jusqu'à 450 volts! En réalité, la décharge était fictive et l'apprenant simulait ses cris de douleur. Mais les participants l'ignoraient; le véritable objectif de l'expérience était de voir jusqu'où ils iraient.

Lorsqu'un participant se tournait vers l'expérimentateur pour savoir ce qu'il devait faire ou pour manifester sa réticence à continuer, il n'obtenait qu'une réponse qui l'incitait à poursuivre l'expérience jusqu'à la fin. Les réactions de la victime se faisaient de plus en plus vives au fur et à mesure qu'elle recevait les faux chocs.

S. Milgram a démontré grâce à cette expérience combien le comportement humain pouvait être façonné par la situation dans laquelle il se trouvait. Par exemple, lorsque le scientifique était physiquement proche des sujets, 90 % d'entre eux infligeaient l'intensité maximale à l'apprenant, tandis que c'était seulement le cas de 22 % des sujets quand les ordres étaient donnés par l'expérimentateur au téléphone et de 12,5 % des sujets lorsque les instructions étaient enregistrées sur une bande magnétique. Si l'on intensifiait les signaux de détresse de la victime, la soumission diminuait.

Si la communauté scientifique considère aujourd'hui que le phénomène mis en évidence par S. Milgram, reproduit à de nombreuses reprises à travers le monde, est bien établi, de nombreux chercheurs contestent l'explication qu'il en a proposée. En effet, dans *Soumission à l'autorité*, S. Milgram développe le concept d'« état agentique » et en fait la clé de voûte de toute son analyse de l'obéissance. Pour lui, « un individu est en état agentique quand, dans une situation sociale donnée, il se définit de façon telle qu'il accepte le contrôle total d'une personne possédant un statut plus élevé. Dans ce cas, il ne s'estime plus responsable de ses actes. Il voit en lui un simple instrument destiné à exécuter les volontés d'autrui. » Les participants « imputent leur action à une autre personne » et par cette « abdication idéologique », abandonnent leurs critères moraux habituels.

Cette explication a été récemment mise en cause à l'occasion d'une étude adaptant le protocole de S. Milgram à une victime animale. Celle-ci a montré que l'identification aux buts scientifiques de l'étude constitue un facteur déterminant dans l'explication de leur comportement et que c'est bien au nom d'idées auxquelles les participants adhérent activement – la valeur de la science et ses promesses thérapeutiques – et non par obéissance aveugle, qu'ils sacrifient un animal… ou un humain.

Laurent Bègue-Shankland

À lire

- *Face aux animaux. Nos émotions, nos préjugés, nos ambivalences*, Laurent Bègue-Shankland, Odile Jacob, 2022.
- *Just following orders*, Emilie Caspar, Cambridge University Press, 2024.
- « Sacrificing Animals in the Name of Scientific Authority: The Relationship Between Pro-Scientific Mindset and the Lethal Use of Animals in Biomedical Experimentation », Laurent Bègue et Kevin Vezirian, *Personality & social psychology bulletin*, 48 (10), 1483–1498, 2022.

• Philip Zimbardo, l'expérience extrême de Stanford

Plus radical que Stanley Milgram, le psychologue Philip Zimbardo veut montrer que le seul contexte peut suffire à transformer les individus ordinaires en bourreaux. Son expérience se déroule en 1971, dans une prison : P. Zimbardo y fait entrer des étudiants volontaires, payés assez onéreusement. Certains jouent le rôle des prisonniers ; d'autres, celui des gardiens. La violence physique est interdite, mais les attitudes dégradantes ne le sont pas... Et les gardiens s'en donnent à cœur joie ! L'expérience doit durer une quinzaine de jours, mais au sixième jour, P. Zimbardo l'interrompt car, soumis aux traitements dégradants des geôliers, certains prisonniers sont à bout.

Convaincu d'avoir prouvé que la seule position sociale peut rendre un individu violent, P. Zimbardo communique abondamment sur son expérience. Cette dernière devient rapidement célèbre, mais de nombreuses critiques émergent aussi. D'abord, elle ne peut plus être reproduite (et donc confirmée) à cause des questions éthiques qu'elle soulève. Trop extrême, l'expérience de Stanford – du nom de l'université où travaillait P. Zimbardo – a laissé des marques chez les participants choqués.

On reproche aussi à P. Zimbardo d'avoir orienté les participants pour les pousser à se comporter en bourreaux. Le dépouillement des archives a permis de découvrir des enregistrements et des documents dans lesquels le psychologue lui-même conseille à ceux qui jouent le rôle des gardiens de réveiller les prisonniers en pleine nuit, de les punir en leur faisant faire des pompes ou encore de leur distribuer des couvertures pleines d'épines.

Le contexte de l'époque n'est pas anodin : au début des années 1970, la guerre au Vietnam clive la société américaine. Un mouvement qui conteste les formes d'autorité traditionnelles se développe. De même, l'université de Stanford, prise dans la compétition entre les établissements, voulait se faire connaître. Autant de facteurs qui ont contribué à rendre l'étude célèbre, avant même que ses biais soient pleinement mesurés.

Maud Navarre

À lire

• « Retour à la case prison », Entretien avec Philip Zimbardo, *Le Cercle psy*, n° 22, septembre-octobre-novembre 2016.
• *Histoire d'un mensonge. Enquête sur l'expérience de Stanford*, Thibault Le Texier, Zones, 2018.

• Itzhak Fried, le « syndrome E » ou le cerveau tueur

En 1997, dans la revue *The Lancet*, le neurologue californien Itzhak Fried renouvelle l'analyse des meurtres de masse, en étudiant comment réagit le cerveau d'un tueur dans de telles situations : perte des affects, idées obsessionnelles et compulsives, excitation lors des premiers crimes puis, banalisation progressive des violences, dépendance à l'environnement et contagion de ces comportements au sein d'un groupe. Les bourreaux du matin peuvent être de gentils parents le soir et n'éprouvent aucun remords.

I. Fried appelle « syndrome E » cet état meurtrier qui découle en fait d'une « fracture cognitive ». L'hyperactivité du cortex préfrontal orbitofrontal (dans la partie antérieure du cerveau) viendrait inhiber l'amygdale. Or, cette dernière agit comme signal d'alerte et permet d'éprouver des émotions comme la peur, la panique ou la compassion face aux souffrances infligées à autrui. L'individu se transformerait ainsi en une machine à tuer, coupée de toute conscience.

La détection précoce de ces dysfonctionnements cérébraux pourrait permettre de prévenir ces crimes de masse.

Maud Navarre

À lire

• « Syndrome E », Itzhak Fried, *The Lancet*, n° 9094, 1997.

Laurent Bègue-Shankland

Pourquoi la violence fascine-t-elle ?

En France, les 8-18 ans consacrent actuellement 4 h 30 par jour en moyenne à la télévision et à Internet. Continûment accessibles, coups de feu, décapitations et scènes de torture fascinent et offrent une macabre actualité aux voyeurs de la « mort spectacle » comme l'appelle la philosophe Michela Marzano. Par exemple, plus de 15 millions de personnes ont visionné l'exécution du journaliste Daniel Pearl, assassiné à Karachi par des membres d'Al-Qaïda en 2002.

Les raisons de la violence

Dans le domaine fictionnel, les études confirment ce que chacun peut constater au quotidien : la violence imprègne les écrans. Prenons le cinéma : sur 800 superproductions sorties les 50 dernières années, 89 % contiennent de la violence, laquelle est en constante augmentation. Dans une récent étude, des chercheurs ont analysé les sous-titres de plus de 160 000 films en anglais réalisés entre 1970 et 2020. Dans les dialogues, les termes renvoyant à la violence extrême ont augmenté durant les 50 dernières décennies.

Alors que le 25e film de James Bond est sorti en 2021 il est intéressant de relever que durant le demi-siècle passé, la quantité de cadavres qui agrémentent les épisodes du flambant espion a été multipliée par trois. Dans les jeux vidéo, sacrés désormais « produit culturel » le plus vendu au monde, la violence constitue le thème principal de plus de la moitié des titres à succès. Bien entendu, la violence d'un jeu dépendra en partie des actions des joueurs eux-mêmes. Personne n'est contraint de s'adonner à la torture dans *Grand Theft Auto V* pour progresser dans le jeu. Selon des comptages systématiques, chez des joueurs expérimentés qui pratiquent un jeu en vue subjective durant 50 minutes, les actions violentes (par exemple, abattre quelqu'un avec une arme à feu) constituent 15 % des événements et occupent 7 % du temps total de jeu.

Si la violence est si omniprésente sur les écrans, c'est d'abord parce qu'elle représente un thème très saillant dans l'imaginaire des spectateurs et des créateurs eux-mêmes. Près de 90 % des hommes et 80 % des femmes auraient imaginé tuer eux-mêmes une autre personne, par jalousie, envie, peur ou haine. Comme l'exprime à sa manière l'emblématique réalisateur Oliver Stone, « nous avons la violence en nous ». Non soluble dans la civilisation des mœurs, la violence reste une option humaine toujours ouverte qui habite l'imaginaire humain, présente jusque dans les contenus oniriques (surtout ceux des hommes, précisent les recherches). Que ce thème fascine n'est pas étonnant ; d'aucuns voient dans les écrans la transposition contemporaine des scènes belliqueuses qui ornent les cavités préhistoriques, peuplent les livres de massacres (du *Pentateuque* à *L'Iliade*, de *L'Enfer* à *Macbeth*), et règnent sur les lieux de spectacle de masse sanglants que furent le Colisée, les terrains de joutes médiévales et autre place de Grève. Ceci nous rappelle d'ailleurs que le sang coulait bien davantage dans les sociétés dénuées d'écrans.

Le sang littéralement « glacé »

L'attrait pour les scènes violentes résulte également d'une recherche de stimulation. Timothy Wilson, de l'université de Virginie, a publié en 2014 dans la revue *Science* des études qui démontraient que la plupart des hommes et un quart des femmes préféraient s'autoadministrer des chocs électriques plutôt que d'attendre dans une salle sans rien faire. Cette stimulation est parfois extrême et instrumentalisée pour les besoins de la communication promotionnelle : en 2001, lors de la projection du film atroce *Ichi le tueur* au festival de Toronto, l'on remettait des sachets à vomir aux spectateurs. S'il faut admettre que les effets émétiques des écrans violents ont été rarement étudiés scientifiquement, on ne manque pas de travaux démontrant l'impact immédiat des écrans violents sur la physiologie humaine et le fonctionnement cérébral. Par exemple, une étude de laboratoire menée en 2015 aux Pays-Bas a montré que les films d'horreur « glaçaient » littéralement le sang : la présence de facteurs coagulants augmentait dans les veines des spectateurs de films effrayants par rapport à un documentaire. Une étude menée aux États-Unis montrait que lorsque l'option « sang » était enclenchée durant le jeu

Mortal Kombat (option qui permet de voir couler l'hémoglobine lorsque des ennemis sont abattus), la pression sanguine du joueur augmentait, preuve d'une intensification de l'éveil physiologique. D'autres travaux menés en neurosciences ont montré comment l'amygdale, une structure cérébrale notamment impliquée dans le décodage des stimuli menaçants, est mobilisée lors de séquences virtuelles violentes.

S'identifier à la force

À cette recherche de sensations fortes s'ajoute la curiosité pour la mort, le sang et la transgression d'interdits. La mortalité par homicide était 10 à 100 fois plus importante dans l'ère occidentale au cours des deux derniers millénaires ; aujourd'hui, la mort brutale et les formes de violence physique extrême restent des expériences auxquelles on est rarement confronté de manière directe dans de nombreux pays. D'où, peut-être, une curiosité pour le spectacle du sang et de la violence, qui s'observe jusque dans une forme de voyeurisme qui est fréquemment constatée lors des accidents de la route, qui provoque des ralentissements et des accidents supplémentaires.

D'autres motifs plus spécifiques peuvent être invoqués pour comprendre l'engouement pour la violence sur les écrans. Chez les garçons par exemple, les jeux vidéo violents sont prisés parce qu'ils contribuent à la socialisation dans des rôles stéréotypés de guerrier. Ils permettent de s'identifier à la force et au courage de certains personnages et répondent au besoin de compétition, d'excitation et de suspense. Enfin, leur intérêt découle des enjeux de maîtrise et de la dextérité qu'ils exigent, des interactions sociales directes ou distantes qu'ils favorisent et de l'intense sentiment d'évasion qu'ils procurent.

À lire

- « Media violence effects on brain development. What neuroimaging has revealed and what lies ahead », Tom Hummer, *American Behavioral Scientist*, vol. LIX, n° 14, décembre 2015.
- *La Mort spectacle. Enquête sur « l'horreur-réalité »*, Michela Marzano, Gallimard, 2007.
- « Trends of Violence in Movies During the Past Half Century », Babak Fotouhi, Amir Tohidi, Rouzbeh Touserkani et Brad J. Bushman, *JAMA* pediatrics, 10.1001, 2024.

Quand l'image rend violent

Aujourd'hui, de nombreux travaux reconnaissent l'influence de l'exposition à des scènes de violence à la télévision ou dans les jeux vidéo. Ils infirment l'hypothèse cathartique selon laquelle le spectacle de la violence aurait un effet purgatif. En France, c'est le cas du rapport Kriegel (2002), du rapport de l'Académie des sciences (2013) ou de la commission Enfants et écrans (2024). À l'étranger, des institutions comme l'Académie américaine de pédiatrie, l'Association américaine de psychologie, l'Association américaine de psychiatrie et la Société internationale de recherche sur l'agression vont dans ce sens. Une méta-analyse incluant le plus grand nombre d'études (130 au total) a été publiée en 2011 par Craig Anderson de l'université de l'Iowa. Elle indique que les jeux vidéo violents augmentent de manière significative quoique limitée la probabilité de faire l'expérience de pensées, émotions et conduites agressives. Ils contribuent à l'éveil physiologique et à une érosion des conduites altruistes. Les effets imputés aux jeux violents n'incluent pas les violences létales ou extrêmes, dont il n'est pas démontré qu'elles puissent en résulter.

L.B.-S.

• Metaanalysis of the relationship between violent video game play and physical aggression over time », Anna T. Prescott, James D. Sargent et Jay G. Hull, *Proceedings of the National Academy of Sciences of the United States of America*, 115(40), 9882–9888, 2018.

Martine Fournier

D'où vient la violence ?

L'être humain serait-il animé de pulsions prédatrices qui en feraient par nature un animal violent ? Ou bien la violence est-elle une affaire de culture ? Depuis l'Antiquité, la question suscite des controverses passionnées.

Gènes et hormones : la voie épigénétique[1]

• **La responsabilité de certains gènes** qui coderaient les comportements violents chez l'enfant fait l'objet de nombreuses recherches contradictoires. Dans les années 1980, le chercheur hollandais Hans Brunner avait trouvé sur le chromosome X une variante du gène dit MOAO (monoamine-oxydase A) dont les porteurs seraient plus impulsifs que d'autres. Depuis, les recherches sur cette portion de gène appelée le « gène du guerrier » ont été nuancées, voire contredites. « Toute liste de gènes identifiés comme codant la violence peut être rapidement désuète », affirme la chercheuse canadienne Ginette Dionne, mentionnant la rapidité de l'avancée des recherches.

• **La testostérone est considérée comme l'hormone mâle par excellence,** sécrétée à la fois chez les femmes et chez les hommes en beaucoup plus grande quantité. De nombreuses études montrent l'existence d'une corrélation statistique entre testostérone et agressivité. Pourtant la majorité des mâles humains produisent de la testostérone sans être agressifs ni violents.

1- **Épigenèse** On attribue la paternité de l'épigénétique dans son sens moderne au biologiste Conrad Waddington en 1942. L'épigénétique étudie comment l'environnement et l'histoire individuelle influent sur l'expression des gènes. Depuis le début des années 2000, les biologistes se sont ralliés massivement à l'idée que le développement du cerveau exige à la fois l'activation de milliers de gènes programmés pour réaliser certaines tâches spécialisées, et de l'influence des milieux culturels. Dans la fabrication du cerveau, les facteurs biologiques et culturels s'entrelacent. Les différences acquises par l'influence du milieu peuvent donc se transmettre dans le génome.

La testostérone serait davantage liée à la dominance qu'à l'agressivité. Une étude auprès de garçons de 13 ans montre par exemple que ce sont ceux considérés comme dominants par leurs pairs qui présentent les taux les plus élevés. De plus, le niveau de testostérone des mâles dépend du contexte. Chez les singes, une défaite lors d'un combat pour la dominance se traduit par une chute considérable du niveau de testostérone; et la victoire par une nette élévation.

• **Culture et éducation**

Selon le biologiste Jacques Balthazart, il existe bien des différences neuroanatomiques et fonctionnelles entre hommes et femmes. Cette différence proviendrait du jeu des hormones et de l'effet – moins bien connu pour le moment – de certains gènes, mais aussi du rôle important de la culture et de l'éducation. Grâce aux mécanismes épigénétiques, la culture et l'éducation peuvent différencier certains comportements qui sont alors transmis biologiquement aux générations suivantes.

La violence se conjugue-t-elle exclusivement au masculin?

C'est ce que donne à voir la réalité quotidienne : affrontements entre bandes, crimes, viols, guerres... sont très majoritairement le fait des hommes (85 % selon le rapport 2014 de l'Observatoire de la délinquance).

Le psychologue Richard Tremblay constate que, si les garçons recourent à l'agression physique plus que les filles, cette différence est très faible dans la petite enfance. Les comportements se différencient à l'approche de l'adolescence : les garçons « vont avoir tendance à utiliser la force physique, alors que les filles vont utiliser les agressions indirectes... Elles développent plus précocement les aptitudes langagières, et apprennent plus tôt à utiliser des alternatives à l'agression physique, par une meilleure utilisation de la parole et une meilleure aptitude à contrôler leurs émotions ». Depuis quelques années pourtant, certains travaux pointent des conduites déviantes chez les filles. En fait, s'il existe bien une violence féminine, celle-ci s'apparenterait plus souvent à la manipulation. La violence des garçons, faite de démonstrations physiques, peut devenir beaucoup plus ravageuse et spectaculaire.

La responsabilité controversée des écrans

Si la télévision, le cinéma, les jeux vidéo et Internet sont régulièrement accusés de favoriser le passage d'une violence virtuelle à une violence réelle, il est difficile d'établir un lien systématique entre images et comportements violents. Sur cette question, les avis des scientifiques sont nuancés.

La violence fascine, notamment les adolescents. « Chez les garçons par exemple, explique Laurent Bègue-Shankland, les jeux vidéo violents sont prisés parce qu'ils contribuent à la socialisation dans des rôles stéréotypés de guerrier. Ils permettent de s'identifier à la force et au courage de certains personnages et répondent au besoin de compétition, d'excitation et de suspense. »

Pour Daniel Marcelli, « la violence des médias impulse et alimente la violence des enfants, tant sur le plan quantitatif – si on considère le nombre d'heures passées devant des films violents – que qualitatif, lorsque l'enfant est laissé seul devant un écran, sans l'accompagnement de l'adulte. Dans ce cas, l'enfant risque de développer une forme de saturation, de confusion entre le monde réel et virtuel. C'est dans la petite enfance que les humains utilisent le plus souvent l'agression physique, avec un pic entre 2 et 4 ans », relève le psychologue canadien Richard Tremblay. Si la consommation de médias favorisait vraiment la violence, on assisterait au contraire à une augmentation des agressions avec l'âge. Les recherches montrent que la violence médiatique ne semble effectivement nuire qu'à un petit nombre d'individus, ceux qui n'ont pas appris à contrôler leur agressivité.

Le poids de l'éducation familiale

Chez les tout-petits, pleurs, trépignements, lancers d'objets peuvent apparaître dès 4 mois. Certains enfants manifestent des colères qui s'atténuent ensuite par l'effet conjugué d'une maturation des fonctions cérébrales impliquées dans la régulation des émotions, mais aussi des influences éducatives et environnementales. De nombreuses études montrent que les enfants rejetés par des parents peu réceptifs à leurs besoins sont plus agressifs que les autres. Les châtiments corporels (fessées, claques et autres tapes) prodigués aux enfants intensifient également leurs dispositions agressives.

Le pédopsychiatre Daniel Marcelli voit trois phases saillantes dans l'expression de l'agressivité : la petite enfance, l'adolescence (entre 12 et 14 ans) et chez le jeune adulte. « Dans une bonne moitié des cas, je dirais qu'un enfant est violent à la hauteur des violences qu'il a subies ou auxquelles il a été exposé », explique-t-il. *A contrario*, selon ce psychologue qui observe l'évolution des modes éducatifs, une permissivité excessive des parents – même bienveillante – peut engendrer un sentiment de toute-puissance. La frustration se manifeste alors par des colères lorsqu'une chose lui est refusée. L'enfant a besoin d'interdits structurants et de limites qu'il intériorisera pour se construire.

Adolescence : honneur, réputation et virilisme

Le recul spectaculaire des violences dans les sociétés occidentales est avéré par les historiens. Pourtant, la délinquance adolescente ressurgit régulièrement par vagues, comme ce fut le cas des «Apaches» du début du 20e siècle ou des «blousons noirs» dans les années 1950-1960. Une nouvelle vague serait-elle en train de naître ? Les médias décrivent régulièrement ces «guerres de quartiers» engendrant les meurtres d'adolescents et d'adolescentes. En Grande-Bretagne, 50 000 agressions au couteau et 50 décès ont été enregistrés en 2023. En France, la police judiciaire évoque une soixantaine de rixes depuis le début de 2024.

Selon les enquêtes sociologiques, l'univers des bandes se déploie sur le terreau de l'exclusion sociale, de l'échec scolaire, de la désagrégation des quartiers, d'un dérèglement du pacte entre les générations… Il génère aussi sa propre culture de la violence. Les enquêtes ethnographiques ont ouvert la boîte noire de ce monde juvénile. Elles décrivent les modes d'appropriation du territoire, les formes d'affrontements ludiques ou violents, dans lesquels se joue une logique de l'honneur, de la réputation, de la virilité et de l'identité (souvent liée à l'origine ethnique), les activités économiques (trafics, «bizness», économie de la drogue), les jeux de langage (verlan, joutes oratoires, insultes…), l'univers musical avec certains raps encensant la violence, les tags comme signes d'appartenance au groupe…

Dans les quartiers, on vit avec la violence depuis la petite enfance, souligne le sociologue Marwan Mohammed : il faut humilier, frapper, montrer qu'on est le plus fort. Celui qui porte le coup de couteau est valorisé, la honte (du vaincu) est cause de harcèlement, le tout amplifié par les réseaux sociaux des jeunes qui diffusent instantanément ces scènes d'embrouilles.

À lire

- *Quand le cerveau devient masculin*, Jacques Balthazart, humenSciences, 2019.
- *La Violence chez l'enfant : approches cognitive, développementale, neurobiologique et sociale*, François Bowen et Nadia Desbiens, Solal, 2012.
- *Penser la violence des femmes*, Coline Cardi et Geneviève Pruvost (dir.), La Découverte, 2012.

- *Prévenir la violence dès la petite enfance*, Richard Tremblay, Odile Jacob, 2008.
- « Les mille premiers jours. Là où tout commence », Boris Cyrulnik (coord.), rapport pour le ministère des Solidarités et de la Santé, 2020.
- *Y'a embrouille. Sociologie des rivalités de quartiers*, Marwan Mohammed, Stock, 2023.
- *Evolution, Early Experience and Human Development*, Allan N. Schore *et al.* (dir.), Oxford University Press, 2012.
- *Le Capital guerrier. Solidarité et concurrence entre jeunes des cités*, Thomas Sauvadet, Armand Colin, 2006.

Deuxième partie

Violence et société

Jean Guilaine

La longue histoire de la violence armée

Dans la perspective évolutionniste des auteurs du 19e siècle et des débuts du 20e, l'histoire de l'humanité était scandée par une série de changements brusques : on distinguait ainsi la révolution néolithique (invention de l'agriculture), la révolution urbaine (apparition des villes, de l'écriture et, parfois, des États), beaucoup plus tard la révolution industrielle... Ces transitions brutales n'étaient en fait que des métaphores et même les défenseurs de ces formules, tel Vere Gordon Childe[1], n'ignoraient pas l'aspect progressif de ces changements. Aujourd'hui, l'archéologie ne cesse de faire la démonstration du caractère graduel de l'apparition de l'agriculture et, un peu plus tard, de l'émergence des civilisations. Ce sont des processus de longue durée, et l'on découvre que les prémices de certaines « inventions » remontent beaucoup plus loin dans le temps qu'on le croyait naguère. Ceci vaut également pour une activité dont on a cru pendant longtemps qu'elle devait avoir été inventée tardivement : la guerre, nom que l'on donne généralement à la violence collective et organisée. En effet, on a souvent laissé entendre que la guerre était apparue au néolithique et pour des raisons bien concrètes : avec la naissance de l'agriculture, le surplus et la capitalisation contribuent à la création de « richesses », source de compétition entre les hommes. Les meilleures terres, les gisements de matières rares constituaient des enjeux conflictuels rationnels. D'autres facteurs, comme la croissance démographique, la quête du prestige et du pouvoir, la nécessité de s'affirmer dans l'affrontement armé venaient à l'appui de cette thèse. Mais cette conjecture matérialiste ne tenait pas compte des observations des ethnologues, témoignant de l'existence d'autres motifs, psychologiques ou symboliques, aux conflits entre des groupes humains par ailleurs dépourvus de richesses matérielles : vexations, insultes,

1- V.G. Childe, *L'Aube de la civilisation européenne*, 1925, rééd. Payot, 1949.

transgressions de frontières, ruptures d'alliances, rapts de femmes ou d'enfants, etc.

L'archéologie montre aujourd'hui que la violence physique, pratiquée à des échelles et selon des formes diverses, est très ancienne dans l'histoire de l'homme, en tout cas bien antérieure au néolithique. Certes, nous connaissons rarement les motifs de cette violence. Mais sa seule présence est déjà le signe d'un lointain enracinement. Quant à la guerre, entendue comme un affrontement armé organisé entre deux populations, nous savons qu'elle est déjà présente à l'aube de l'histoire, lorsque l'homme a déjà fait le choix de la civilisation urbaine, voire d'une organisation étatique. Entre la violence, déjà attestée au paléolithique, et la guerre des débuts de l'histoire, opposant de véritables armées, s'étend une large plage temporelle au cours de laquelle il est possible de suivre la genèse du processus menant à la formation de véritables civilisations guerrières, tournées vers la conquête armes à la main.

Les premiers vestiges de morts violentes

Les plus anciennes traces d'éventuelles confrontations se confondent souvent avec la notion de cannibalisme. Les ossements humains brisés de six individus dont on a pu extraire le cerveau ou la moelle pour les consommer sont attestés dès -800 000 ans à Gran Dolina (Atapuerca près de Burgos). Bien plus récents, divers gisements du Paléolithique moyen ont également livré des traces de cannibalisme comme à Krapina (Croatie) ou à El Sidrón (Piloña, Asturies). Des indices d'agression ont parallèlement été relevés sur des ossements de néandertaliens ainsi que dès les phases anciennes du paléolithique supérieur, environ 35 000 ans avant notre ère[2]. Des représentations pariétales d'êtres anthropomorphes percés de flèches existent dans diverses cavités du sud-ouest de la France. Des scènes rupestres comme celle de l'Addaura (Sicile) sont interprétées comme des scènes de supplices mortels par asphyxie. Mais ce sont encore des cas de meurtres isolés. Vers la fin des temps paléolithiques, entre -12 000 et -10 000, une nécropole soudanaise, le Djebel Sahaba, montre les restes d'une soixantaine de sujets dont près de la moitié portent des traces d'élimination par projectiles. Certains corps ont été criblés de flèches. Plusieurs cadavres ont été placés dans une même fosse, indice d'enterrements simultanés après élimination des individus. Cela suggère fortement la pratique de massacres.

2- R. Pigeaud, «Du rififi chez les hommes préhistoriques», *La Recherche*, n° 357, octobre 2002.

Si ces massacres opposaient des groupes rivaux, ce seraient là les premières manifestations connues de faits de guerre, limités il est vrai, dans des sociétés qui en sont encore à un stade paléolithique ou épipaléolithique, c'est-à-dire qui tirent exclusivement leur alimentation de la prédation (chasse, pêche, collecte). Une autre tuerie est survenue vers -10 000 ans à Nataruk (Kenya), à l'ouest du lac Turkana : une dizaine de sujets ont été criblés de flèches, leur crâne défoncé, puis leur cadavre abandonné sur place.

Au cours du mésolithique européen, on trouve bien d'autres exemples de morts violentes sur plusieurs individus. Ils proviennent de nécropoles, c'est-à-dire d'espaces consacrés aux défunts. Or, la claire distinction entre l'habitat des vivants et un lieu attribué aux morts s'observe lorsque les communautés se sédentarisent, font corps avec un territoire délimité. On a trouvé des traces d'agressions mortelles sur les bords de grands fleuves (le Danube, le Gange, le Dniepr en Ukraine), ou près des côtes poissonneuses d'Europe de l'Ouest (Bretagne, Suède, Danemark). Ces actes meurtriers sont peut-être la conséquence de l'établissement de territoires appropriés et des problèmes frontaliers, des enjeux économiques ou stratégiques que cela entraîne. Un autre cas de violence mésolithique bien connu est celui des fosses d'Ofnet, en Bavière, qui contenaient en tout une trentaine de crânes d'hommes, de femmes et d'enfants, dont certains brisés sur leur partie arrière : cela fait penser à des exécutions de sujets de dos. Ces têtes, séparées du corps, ont peut-être joué, avant leur mise en terre, le rôle de trophées.

Ainsi, la violence appliquée en nombre est attestée avant le néolithique, dans certaines sociétés de chasseurs-cueilleurs en cours de sédentarisation, et l'hypothèse de conflits entre groupes humains ne doit pas être écartée. L'ethnologue Pierre Clastres a, dans les années 1970, avancé l'idée que les sociétés de chasseurs-cueilleurs n'étaient pas forcément pacifiques, que certaines d'entre elles aimaient la guerre et la pratiquaient fréquemment. Il expliquait cette passion par une volonté des individus à résister à toute forme d'intégration, au fond par goût de la liberté[3]. Depuis, des enquêtes ont confirmé le caractère belliqueux de certaines populations préagricoles, sans pour autant que l'on puisse généraliser. Il a existé des sociétés de chasseurs guerrières, d'autres ne se battant qu'occasionnellement, d'autres tout à fait pacifiques[4].

3- P. Clastres, *Archéologie de la violence. La guerre dans les sociétés primitives*, 1997, rééd. L'Aube, 1999.

4- L.H. Keeley, *War before Civilization*, Oxford University Press, 1996.

Cette donnée nous semble intéressante en ce sens qu'elle fait apparaître combien le conflit armé est affaire de culture.

Le néolithique a-t-il inventé le champ de bataille?

La mise en place des communautés agropastorales, l'apparition du style de vie villageois entraînent-elles une intensification de la violence? La question est délicate. L'archéologie souligne d'abord la longue durée du processus de néolithisation, allant de la sédentarisation à la domestication complète de certains végétaux et animaux. Au Proche-Orient, cette longue trajectoire débute avec la fixation des chasseurs natoufiens[5] dans des localités stables. Longtemps, on les a crus pacifiques. Mais l'anthropologue Fanny Bocquentin a attiré l'attention sur plusieurs fossiles humains comportant des traces de blessures : flèche plantée dans une vertèbre, maxillaire ou crânes brisés[6].

La violence est bien attestée parmi les populations du néolithique européen. À Talheim, en Bade-Wurtemberg (Allemagne), une fosse commune de la culture à céramique linéaire, datée de 5000 ans avant notre ère, contenait les dépouilles de 34 adultes et enfants. Tous avaient été massacrés, attaqués de dos, sans doute en essayant de se protéger ou de fuir. Leur crâne avait été défoncé à coups de hache, tandis que des traumatismes étaient également observables sur d'autres parties du corps. On peut spéculer sur les causes de cette tuerie : élimination de la population d'un hameau? Heurts entre communautés d'agropasteurs en concurrence pour certains espaces? Familles réprouvées et condamnées?

Ce cas n'est pas unique. À Asparn-Schletz, en Autriche, sur un site du même âge, plusieurs dizaines d'individus ont été retrouvés dans les fossés qui entouraient la localité. Blessures et impacts divers, crânes défoncés caractérisaient les dépouilles. D'autres traces de violence ont été notées sur l'établissement d'Herxeim près de Mannheim (Palatinat) : de nombreux enfants notamment semblent y avoir été les victimes désignées. La suppression d'individus (et peut-être leur consommation) a été notée sur d'autres sites d'Europe continentale.

À Achenheim, près de Strasbourg, vers 4300 avant notre ère, des «prisonniers» ont été torturés avec un degré de violence inouïe attestée par de multiples lésions sur leur corps; ils ont été

5- **Natoufien :** culture sédentaire du 8e millénaire av. J.-C., identifiée en Palestine, caractérisée par des villages sédentaires et un début d'exploitation des céréales sauvages.

6- F. Bocquentin, «Pratiques funéraires, paramètres biologiques et identités culturelles au Natoufien : une analyse archéo-anthropologique», thèse, université Bordeaux-I, 2003.

ensuite exécutés et leur dépouille jetée sans management dans un silo désaffecté : dans ce dernier reposaient déjà le bras gauche de quatre autres individus éliminés et leur membre découpé en trophée de victoire…

Mais les meilleures données iconographiques sur la guerre néolithique sont à chercher dans quelques images peintes sous les auvents rocheux de l'Espagne méditerranéenne (Remigia, Los Dogues), qu'on situe entre le 5e et le 3e millénaire avant notre ère.

Elles représentent des scènes d'affrontement entre deux camps constitués chacun de 15 à 20 combattants, probablement de jeunes hommes. Il s'agit toujours de combats d'archers, qui ne sont pas seulement rituels : il y a des blessés et des morts, certains sujets s'écroulent, criblés de traits. Malgré quelques comportements individuels, une certaine organisation apparaît : d'éventuels chefs se reconnaissent à leur coiffure ou à des insignes. Sur le site de Los Dogues, le chef semble « couvert » par des combattants plus exposés ; on voit aussi un groupe disposé en lignes successives de tireurs. Enfin, il existe des exécutions capitales : des pelotons d'archers foudroient de projectiles une victime ciblée.

La construction du guerrier en Occident

Contrairement au Proche et au Moyen-Orient, où la ville émerge au cours du 4e millénaire, l'Europe restera, sauf sur sa frange sud-est, un continent rural jusqu'au 1er millénaire avant notre ère, époque où la colonisation grecque contribuera à diffuser le modèle urbain. Sur ce vaste espace peuplé de villages et de hameaux, le personnage du guerrier, en tant qu'acteur de la vie sociale, n'apparaîtra guère avant l'âge du bronze final, voire le premier âge du fer, après -1000. Cette émergence tardive a été toutefois longuement préparée.

Dès le 4e millénaire, en effet, on trouve des stèles et des menhirs portant des représentations de personnages armés de poignards, de haches, d'arcs, de flèches[7]. Les héros de cette époque chalcolithique[8] ne sont sans doute que des intervenants d'occasion, des agriculteurs guerriers. Mais ces armes sont tout de même leurs attributs dominants, parfois démultipliés, la surcharge pouvant, comme certains galons, manifester le statut exceptionnel du

7- J. Guilaine et J. Zammit, *Le Sentier de la guerre. Visages de la violence préhistorique*, Seuil, 2001.

8- **Chalcolithique** : stade technologique de transition entre le néolithique et l'âge du bronze, où les outils de pierre coexistent avec les outils de cuivre.

personnage : neuf poignards et quatorze haches de cuivre sur la stèle de Lagundo, dans le nord-est de l'Italie.

Au 2e millénaire, à l'âge du bronze, le développement de ces stèles de guerriers, notamment en péninsule Ibérique et en Corse, pourrait signer la mise en place d'une aristocratie locale montante. Les motifs montrent les transformations de l'armement : la hache demeure, mais l'épée remplace le poignard sur les stèles portugaises (Heredade de Defesa, Assento). Au bronze final (-1200 à -700), les guerriers figurés en Estrémadure et en Andalousie orientale arborent l'épée, le javelot, le bouclier, le casque. À l'âge du fer, un char fera partie de leur équipement. Ces stèles traduisent sans doute le poids de modèles méditerranéens au sein des sociétés rurales d'Occident.

L'Étendard d'Ur ou la stèle des Vautours

Tandis que l'Occident reste longtemps accroché à un système villageois de type néolithique, l'Orient, à partir de gros villages chalcolithiques, donne naissance au monde urbain et à ses normes : émergence d'une élite dominant une population nombreuse, spécialisation des individus, architecture reflétant les découpages socioéconomiques, bâtiments de prestige, développement d'instruments de gestion et de communication favorisant, en certains points, l'apparition de l'écriture, etc. Le système villageois ne semblait donner prise qu'à des conflits limités. Le système urbain, lui, ne se construirait-il pas précisément sur l'affrontement guerrier entre cités, en raison de leur proximité même? On l'a parfois pensé. La thèse de l'origine guerrière des cités-États, exposée par Franz Oppenheimer en 1907, a été plus d'une fois reprise. De fait, les documents dont on dispose montrent que la guerre, à cette époque, change d'échelle. À Sumer, entre -2900 et -2350, à l'époque des dynasties archaïques[9], les cités indépendantes entrent souvent en conflit. De quelle manière? On a retrouvé des inscriptions sur les rivalités qui opposèrent les cités de Lagash et d'Oumma : elles évoquent le contrôle d'un territoire frontalier convoité pour son intérêt économique, objet d'un contentieux qui donna lieu, régulièrement, à de violentes confrontations. Il existe aussi des documents iconographiques exceptionnels, comme la face de la guerre de l'Étendard d'Ur, vers – 2550, ou la stèle des Vautours. Mis au jour dans l'une des tombes royales

9- **Dynasties archaïques :** époque de la protohistoire mésopotamienne caractérisée par la floraison de cités-États indépendantes (Uruk, Ur, Lagash, Oumma, Kish, etc.) dans le cadre de la civilisation sumérienne. Elle finit avec la conquête akkadienne et la formation d'un empire, vers 2350 av.

d'Ur, l'Étendard d'Ur, sorte de double panneau à fond de bitume et incrustations de coquilles découpées, de lapis-lazuli et de cornaline, nous montre, sur trois registres superposés, des scènes de guerre, de capture et de défilés de prisonniers. Sur la bande inférieure, des chars tirés par un attelage de deux équidés, portant un conducteur, un combattant et ses réserves de projectiles, écrasent les corps des ennemis. En haut, un « roi », suivi de ses dignitaires, fait défiler devant lui des prisonniers dénudés. Dans le registre central, d'autres prisonniers précèdent des soldats casqués, couverts d'une longue cape et armés d'une pique. On en déduit que les cités sumériennes entretenaient une troupe dotée d'un armement et d'un uniforme : l'image évoque celle de troupes spécialisées, et non celle de citoyens ou de paysans armés. La stèle des Vautours, trouvée à Girsu, remonte à -2400 et relate les guerres qui opposèrent les cités de Lagash et d'Oumma en célébrant la victoire de la première. L'une de ses faces montre le souverain de Lagash précédant son armée. Celle-ci se compose de fantassins disposés en rangs serrés, protégés de boucliers rectangulaires, tête casquée, une forêt de piques à l'horizontale. Ici, ces soldats piétinent leurs ennemis massacrés ; là, les cadavres s'entassent. L'impression retirée est celle d'une troupe compacte, engagée de façon disciplinée dans une action collective, un peu à la façon de la phalange grecque. Cette cohésion suggère un encadrement militaire très poussé. Sur la face opposée, on voit le dieu de Lagash, Ningirsu, écraser, d'un coup de massue, la tête d'un prisonnier qui tente de s'échapper d'une nasse (prison ?) dans laquelle on a regroupé les ennemis capturés. Ce thème de la mise à mort des prisonniers est une sorte de lieu commun de ces périodes des débuts de l'histoire. Il est présent sur les pictogrammes de certains sceaux-cylindres de la civilisation d'Uruk. On le retrouve en Égypte sur une face de la célèbre palette de Narmer : le roi y massacre un ennemi tandis que, au verso, le champ de bataille est couvert de nombreux sujets décapités. Sans doute faut-il considérer la guerre comme un moyen pour le roi d'institutionnaliser sa fonction. Le souverain s'affiche en vainqueur et en conquérant. La guerre est non seulement présente, mais, en Mésopotamie tout au moins, elle semble, dès le 3e millénaire, se pratiquer déjà avec des armées régulières. Par ses conquêtes, allant du golfe Persique au massif du Taurus (Turquie), le roi Sargon, fondateur de la dynastie d'Akkad à compter de -2300, fera disparaître les cités indépendantes sumériennes au profit d'un État centralisé traversé par des conflits permanents.

La lente progression de la guerre

La guerre n'est donc pas née brusquement, en même temps que les villes et les premières grandes concentrations de populations. Elle existait dans le système villageois, voire dans certaines communautés préagricoles. Les temps paléolithiques révèlent des pratiques violentes, cruelles, mais d'ampleur limitée. Les premiers affrontements entre groupes seraient observables dans de tardives sociétés de chasseurs-cueilleurs, peut-être en cours de sédentarisation (vers -12000 au Soudan; entre -10 000 et -6000 en Afrique de l'Est et dans les cultures mésolithiques d'Europe ou d'Asie). On a vu plus haut comment, dès le mésolithique, on procédait déjà à l'élimination collective de groupes humains. Au néolithique, les affrontements armés sont présents. Les scènes de guerre du Levant espagnol nous donnent une idée de ces combats d'archers qui semblent associer une certaine liberté d'action des intervenants, mais, peut-être aussi déjà, une tactique de combat organisée. Le stade le plus avancé de cette évolution protohistorique est celui des guerres entre villes mésopotamiennes : des armées entraînées et organisées sont engagées dans des actions collectives très préparées, signe que les cités de quelque importance ont recruté et formé des troupes de fantassins spécialisés. Depuis les faits de violence paléolithiques jusqu'aux conflits endémiques du 3e millénaire entre villes orientales rivales, la mise en place de la guerre a donc été progressive. Seule une perspective de longue durée devrait permettre de préciser, par l'accumulation des données archéologiques, les étapes d'origine et de complexification de la guerre. Les conflits changeront d'ailleurs vite d'échelle. L'esprit de conquête dominera l'histoire ancienne du Proche et du Moyen-Orient tout au long du 2e millénaire : empire d'Akkad, royaume de Babylone, conquêtes hittites, etc. La guerre n'aura dès lors de cesse de diversifier ses moyens d'action : infanterie, charrerie, cavalerie. Sans disparaître, les archers céderont souvent la place aux fantassins armés de la lance de combat et, à compter de -1500, de l'épée. Ces chocs collectifs, en formation compacte, plus tard caractéristique de la phalange grecque, avaient peut-être connu quelque archétype dès l'entrée en lice des premières armées sumériennes[10].

10- J.-L. Huot, *Une archéologie des peuples du Proche-Orient*, t. I, *Des premiers villageois aux peuples des cités-États* (10e- 3e millénaire av. J.-C.), Errance, 2004.

Philippe Braud

Violences politiques. Les raisons d'une déraison

Dans une démocratie, les conflits d'intérêts, les affrontements d'idées, les oppositions de croyances sont naturels et constituent la toile de fond des luttes politiques les plus routinières. Mais ils doivent rester pacifiques. Si le conflit se voit en quelque sorte banalisé, la violence au contraire est stigmatisée. C'est pourquoi il est courant de la dénoncer chez l'adversaire et de la nier ou de la minimiser dans son propre camp. De ce point de vue, la bataille des mots revêt une grande importance dans le débat politique : répression ou rétablissement de l'ordre? Opérations de guerre ou mesures de pacification? Actes terroristes ou résistance à l'oppression? Il n'est donc pas facile de faire accepter une définition de la violence politique affranchie de considérations subjectives ou de biais partisans, c'est-à-dire de simplement qualifier comme telle tout recours à la force qui engendre des atteintes aux personnes ou aux biens.

Bien des philosophes, de Montaigne à Emmanuel Kant, ont considéré la violence politique, y compris la guerre, comme un échec ou une abdication de la raison. Il est vrai que les assassinats politiques, les désordres civils et les conflits armés ont engendré des conséquences que leurs initiateurs étaient parfois bien loin d'avoir envisagées ou souhaitées. Il suffit de citer le bilan dévastateur des deux guerres mondiales, celui des combats menés au nom de la révolution, du nationalisme ethnique ou du fanatisme religieux ; de penser encore à la frénésie meurtrière des foules en colère, au spectacle de désolations qui s'offre après un bombardement ou une tornade émeutière. Pourtant, la violence politique ne surgit pas de façon aveugle. Elle a toujours des raisons décelables, qu'une analyse « distanciée », fondée sur une discussion minutieuse des faits et des enchaînements, permet de comprendre.

Enjeux institutionnels et identitaires

Contrairement à ce que pensent certains, il n'y a pas de « mystère de la violence » si, du moins, on sait articuler ensemble les approches psychologiques, sociologiques et politiques du phénomène. Même les délires qui caractérisent les violences extrêmes (lynchages, crimes de masse, actes de cruauté et traitements dégradants...) sont déchiffrables à la lumière de certaines problématiques aujourd'hui bien établies[1].

Thomas Hobbes a montré, avec vigueur, que la première mission de tout système politique est d'assurer la sécurité des citoyens. Pour atteindre ce but, il n'existe pas d'autre moyen que de retirer à chacun le droit de se faire justice et de conférer au pouvoir le monopole du recours à la force. Seule la menace plausible de la contrainte (c'est-à-dire une violence légale) permet d'obtenir que les règles juridiques soient respectées même par ceux qu'elles gênent ou qu'elles lèsent. Mais ce qui contribue à masquer cette réalité plutôt déplaisante, c'est le fait qu'en règle générale les citoyens ne s'opposent pas frontalement à la loi, ce qui dispense l'État d'utiliser contre eux une coercition ouverte.

Quand il y a recours à la violence, même sous une forme modérée ou circonscrite, cela a toujours pour effet de dramatiser une situation : manifestation pacifique qui dégénère, charge de police qui impressionne. *A fortiori*, l'attentat contre des civils, l'assassinat d'une personnalité politique ou encore, en cas de guerre, des pertes humaines ou des dégâts de grande ampleur. Dans ces cas, les violences de haute intensité perturbent durablement le jugement politique et suscitent parfois des réactions dangereuses comme la recherche aveugle d'un bouc émissaire. Cela tient à l'importance de la résonance émotionnelle inhérente à toute violence grave. On ne peut demander ni aux victimes ni à ceux qui s'identifient à elles, par solidarité identitaire ou par compassion altruiste, d'avoir un point de vue « équilibré » sur l'origine des malheurs qui les frappent ou sur l'identification des véritables responsables. Les paroles de victimes méritent d'être écoutées avec une particulière attention, car l'indifférence ou la négation de leurs souffrances leur causent des blessures supplémentaires. Cependant, on ne peut fonder sur elles seules une compréhension véritable de la violence ; d'autant plus que, dans le domaine politique, l'instrumentalisation intéressée de leur malheur est quasiment inévitable.

1- S. Milgram, *Soumission à l'autorité. Un point de vue expérimental*, 1955, Calmann-Lévy, 1974 ; C. Browning, *Des hommes ordinaires*, Les Belles Lettres, 1994.

À l'échelle d'une population entière, les massacres et destructions massives laissent des traces dans la mémoire collective, facilitant la consolidation de « communautés émotionnelles » avec leur patrimoine de commémorations douloureuses mais aussi de schèmes, voire de stéréotypes accusateurs. Le souvenir de la Saint-Barthélemy a pesé durant des siècles sur les rapports entre catholiques et protestants comme celui des violences révolutionnaires sur l'attitude des catholiques envers la République. Les affrontements ethniques et les crimes de masse, les guerres civiles ou les luttes armées entre États ne s'oublient pas aisément ; ils jouent leur rôle dans la perpétuation de méfiances et de ressentiments. Parfois aussi, il est vrai, la volonté d'éviter leur renouvellement s'est révélée un puissant facteur de réconciliation durable, comme l'ont montré les premiers pas de la construction européenne.

On soulignera aussi que, dans des circonstances dramatiques comme une vague d'attentats, des représailles sanglantes, le déclenchement d'une guerre..., la violence en vient à jouer le rôle d'un révélateur identitaire. Face à des victimes, le fait d'éprouver une émotion authentique intense met en évidence des solidarités qui sont, le plus souvent, d'ordre communautaire, national ou religieux mais peuvent aussi concerner la position sociale ou l'identification sexuelle. Les allégeances identitaires profondes, différentes parfois de celles que l'on affiche publiquement, sont un élément majeur du processus de sélection des violences qui « comptent vraiment ». Le phénomène explique, par exemple, pourquoi le conflit israélo-palestinien, avec son cortège d'attentats, de bombardements et de meurtres ciblés, éveille tant de résonances (et de filtres) dans les diasporas juives et musulmanes du monde entier.

Le recours à la violence politique devient probable, nous dit Ted Gurr[2], quand elle semble efficace pour atteindre un objectif jugé souhaitable, et qu'en outre elle peut être présentée comme légitime. Efficacité et légitimité sont d'ailleurs des facteurs en partie interdépendants puisqu'il est plus facile de mobiliser des alliés et des soutiens quand la seconde condition est remplie, ce qui rend l'emploi de la violence plus facile.

Cheminements vers la violence

Le critère de l'efficacité est allégué à différents niveaux. Les paysans ou les salariés en colère diront volontiers que la violence

2- T. Gurr, *Why Men Rebel*, Princeton University Press, 1970.

est « le seul moyen » d'attirer l'attention des médias et de se faire écouter des pouvoirs publics. Mais, dans nos démocraties, il ne faut pas qu'elle dépasse un certain seuil, sinon elle devient contre-productive en raison de l'indignation qu'elle risque de susciter dans l'opinion publique. Ce calcul n'est pas partagé par ces organisations qui trouvent le moyen d'exister politiquement grâce aux craintes qu'elles suscitent. Faiblement représentatives le plus souvent, elles sont indifférentes au désaveu politique ou électoral.

Les dirigeants d'un État ont, eux aussi, intérêt à soupeser soigneusement les bénéfices et les risques politiques du recours à la force. En cas de désordres intérieurs, leur faiblesse risque de constituer un encouragement à leur développement ; mais, dans un État de droit, le rétablissement de l'ordre ne doit pas s'opérer dans des conditions telles qu'il multiplie l'indignation ou les condamnations. C'est pourquoi les forces de l'ordre des pays démocratiques sont désormais formées à l'exercice d'une « violence retenue » pour tenter d'éviter des bavures aux effets politiques dévastateurs. Un souci qui ne figure pas à l'agenda des dictateurs. En principe du moins, car la pression internationale peut éventuellement les dissuader de franchir certains seuils dangereux. C'est ainsi que les dirigeants soudanais au Darfour se sont employés à donner quelques gages de modération lorsque la perspective d'une action armée sous l'égide du Conseil de sécurité de l'Onu a semblé se préciser quelque peu, pendant l'été 2004.

Le recours à la guerre constitue une décision particulièrement risquée. La crainte de perdre ou, simplement, l'immense aléa qui s'attache à la conduite de beaucoup d'opérations militaires, a toujours constitué le meilleur frein aux velléités belliqueuses. Ainsi l'équilibre de la terreur nucléaire a-t-il valu à l'Europe cinquante ans de paix. Depuis l'effondrement de l'Union soviétique, la suprématie des États-Unis sur le plan militaire a facilité, au contraire, l'adoption d'une doctrine nettement plus offensive, allant jusqu'à admettre la guerre préventive et l'action unilatérale même sans aval de l'Onu. Et, de fait, comment résister à la tentation de détruire un adversaire déclaré quand la disproportion des forces est écrasante ? En un sens, le bilan trop favorable du premier conflit avec l'Irak, en 1991 (pas de vraies pertes humaines et un financement de ces coûteuses opérations largement partagé avec les États du Golfe) aura favorisé le déclenchement des guerres ultérieures, en Afghanistan puis en Irak. Au contraire, l'enlisement imprévu (mais prévisible) des forces américaines, après la chute de Saddam Hussein, aura rendu moins probables les offensives militaires, un moment envisagées, contre la Syrie, l'Iran et la Corée du Nord.

L'autre facteur décisif du recours à la violence est le sentiment partagé de son incontestable légitimité. Il permet aux dirigeants de mobiliser plus vigoureusement leur camp, de gagner des soutiens extérieurs et, dans les démocraties, de conserver ou d'accroître l'adhésion des électeurs. La « légitime défense » est le plus efficace de ces arguments. Il est, en effet, universellement admis, tant pour les individus que pour les sociétés, qu'on puisse résister à une agression. Mais alors que, dans les rapports privés, c'est la loi et le juge qui déterminent s'il y a réellement légitime défense, en matière politique d'inextricables contestations opposent les protagonistes. La capacité de chacun à se poser en victime dépend souvent moins des faits bruts que des interprétations que l'on réussit à imposer dans le débat politique : « juste colère » des manifestants en réponse à « la violence du patronat » (ou du système économique) ; « résistance à l'oppression » d'un peuple « colonisé » ; « défense de l'ordre social » contre la subversion.

La guerre des mots fait donc rage, dans chaque camp, pour tenter de disqualifier l'adversaire ; ainsi bien des conflits violents opposent-ils deux camps qui se proclament simultanément victimes et se soudent dans une symétrique surdité aux souffrances de l'autre. Invoquer le combat pour une juste cause sert aussi à légitimer le recours à la violence. Il n'y a pas si longtemps, l'amour de la patrie ou de la révolution ont ainsi mobilisé des dévouements et des sacrifices inouïs mais provoqué en chaîne d'immenses destructions humaines et matérielles. Aujourd'hui, la mobilisation internationale contre le terrorisme ou le *djihad* contre l'infidèle remplissent efficacement ce rôle. Il existe un paradoxe historique remarquable dans le fait que ce sont souvent les valeurs les plus éloignées de l'idée de violence qui servent le mieux ce travail de justification, tout simplement parce que ce sont les plus respectées. C'est pourquoi, en Occident, la religion a été si souvent l'emblème de ralliement des guerriers de toutes sortes, avant de céder sa place à « la mission civilisatrice de l'homme blanc » et, aujourd'hui, à la promotion de « la démocratie et des droits de l'homme ». Cela ne signifie nullement que ces convictions éminemment respectables aient un caractère belligène intrinsèque ; cela met seulement en évidence un mécanisme politique de justification dont se servent les cyniques pour rallier les idéalistes ou les naïfs.

Violence visible et violence masquée

Si l'on considère les formes de la violence cette fois, il apparaît que la violence physique comporte toujours une dimension psychologique. La victime d'un dommage ou d'une agression fait, en même temps, l'expérience douloureuse de sa fragilité, voire de son humiliation ou de son impuissance. La violence qui provoque des dégâts et des blessures n'est pas seulement matérielle ; elle est aussi une violence symbolique, c'est-à-dire une dévalorisation de la personne ou du groupe cible. Cet effet est même délibérément recherché, dans les traitements cruels et dégradants infligés à des prisonniers, des déportés ou des peuples persécutés. La guerre qui réduit les civils à l'état d'otages s'accompagne toujours d'une rhétorique qui tend à discréditer l'adversaire, voire à le diaboliser, puisqu'il faut bien justifier des comportements (tuer ou détruire) qui s'écartent des normes habituellement respectées dans la vie ordinaire. Et même dans les formes *soft* de violence qui accompagnent les manifestations protestataires, la volonté de « faire reculer le pouvoir » s'inscrit dans une logique de dépréciation de l'adversaire. Exhiber dans la rue sa propre force pour mieux souligner la volonté de faire reculer l'État ou le patronat ; ou inversement, déployer des gendarmes ou des policiers pour protéger ou rétablir une image d'autorité.

La violence symbolique n'est pas seulement une dimension, souvent sous-estimée, de la violence physique ; elle existe aussi indépendamment d'elle. Moins spectaculaire, elle engendre pourtant les mêmes effets psychologiques : sentiment douloureux de fragilité et de vulnérabilité, expérience d'humiliation et d'impuissance. Toile de fond de beaucoup de rapports sociaux et politiques, dans l'ordre interne comme dans l'ordre international, elle doit être identifiée si l'on veut comprendre la persistance des ressentiments qu'elle engendre et les explosions de colère ou les actes de désespoir qui en constituent la conséquence parfois inévitable.

La violence symbolique existe sous de multiples aspects. Le plus manifeste est la dépréciation identitaire délibérée visant la dignité de groupes entiers. Ce sont les attitudes racistes, xénophobes ou sexistes, mais aussi les préjugés de classe, les manifestations de dédain à l'égard de religions ou de croyances. Les formes d'apartheid social, en matière de résidence, d'école ou de modes de loisirs révèlent aussi une dépréciation indirecte, qui peut rester discrète, voire inconsciente. Il existe, en effet, une tendance lourde dans les sociétés modernes, à voiler davantage l'expression des préjugés, même si les jugements dépréciatifs demeurent sous-jacents aux comportements sociaux effectifs. L'exhibition, enfin, d'une supériorité fondée sur une idéologie de la nation élue ou du peuple élu, fait également violence aux groupes explicitement ou implicitement renvoyés à une position inférieure. C'était, en toute bonne foi, l'idéologie de la « mission civilisatrice » qui a saisi les intellectuels et les clercs en Europe, au temps de l'expansion coloniale.

Une autre forme de violence symbolique, qu'on pourrait appeler systémique, résulte de la simple confrontation inégalitaire de systèmes de croyances incompatibles. Il est toujours douloureux, pour des populations à forte conscience identitaire, de voir se déliter trop brutalement des traditions devenues mal adaptées à une modernité envahissante. Ce fut le problème des croyants dans une Europe travaillée, depuis deux siècles, par la sécularisation. C'est aujourd'hui le drame de la civilisation arabo-islamique, face à la supériorité économique ou technologique de l'Occident ; et cela d'autant plus qu'elle pouvait se targuer d'un passé prestigieux qui lui a longtemps servi de bouclier. Les crispations identitaires qui en résultent sont le terreau de ressentiments profonds qui ajoutent à l'incompréhension entre les peuples.

Ces diverses formes de violence symbolique ont ceci en commun qu'elles alimentent la probabilité de violences physiques. Soit de la part des dominants qui se sentent « autorisés » à imposer par la force des valeurs ou des modes de vie qu'ils jugent supérieurs ; soit de la part des dominés lorsque la résignation fait place à la révolte. Le mépris, volontaire ou involontaire, engendre des violences « aveugles », réprimées au nom de la légitime défense. L'intégralité de ces enchaînements de causes à effets apparaît rarement en pleine lumière dans les médias car l'information à chaud privilégie le spectacle de la violence physique, généralement associé à sa stigmatisation immédiate. La véritable lucidité dans le combat contre la violence consisterait à s'attarder longuement sur les engrenages psychologiques et politiques qui constituent la face cachée de l'iceberg. Et l'on découvrirait alors un refus glacé de reconnaître à autrui le droit d'être ce qu'il est, ou le droit de conserver ce qu'il possédait en propre.

Cédric Moreau de Bellaing

Violences policières, au-delà du droit ?

Distinguer violence légale et violence légitime, lorsqu'il est question d'action policière, peut de prime abord sembler surprenant : la légalité n'est-elle pas précisément une condition obligatoire pour que l'usage de la violence par la police soit légitime ? Lorsqu'un policier, par exemple, amène quelqu'un au sol pour le menotter, il agit en accord avec la loi. C'est ce qui garantit la légitimité de l'acte. Mais l'acte est-il légitime si la personne en question n'oppose aucune résistance et ne représente aucune menace pour l'agent ? À l'inverse, se pourrait-il que des formes de violences parfaitement légales soient considérées comme illégitimes ? Lorsqu'en juin 2019, des membres des Compagnies républicaines de sécurité, les forces de police spécialisées dans la police des foules, délogent un *sit-in* pacifique d'Extinction Rebellion en aspergeant les activistes de gaz lacrymogène alors qu'ils sont assis et ne présentent aucune menace, ils agissent à n'en pas douter de façon légale, mais nombreuses ont été les voix qui ont contesté la légitimité d'une telle méthode de dispersion.

Une question de dynamique interactionnelle ?

La distinction entre légalité et légitimité n'est en effet pas toujours aisée. L'observation des dispositions du droit montre que la légitimité de la violence dépend très largement d'éléments qui ne sont pas établis *a priori* par le droit. Mentionnons-en deux : l'exigence d'opportunité, d'une part ; celle de proportionnalité, d'autre part. Le droit affirme que l'usage de la violence par la police doit être opportun, c'est-à-dire rendu nécessaire par les exigences particulières de la situation ; et il stipule par ailleurs que l'usage de la violence doit être fait dans de strictes conditions de proportionnalité au regard de la situation : l'intensité de la violence dépendrait donc de données en situation (nombre de témoins, populations impliquées, unité policière concernée, etc.). Pour le dire autrement, le droit laisse les fonctionnaires de police juger des conditions opportunes pour recourir à la violence.

Voilà qui complique singulièrement l'équation violence légale/violence légitime. La preuve en est donnée par l'instruction des plaintes alléguant des violences illégitimes. Alors qu'elles représentent, depuis le début des années 2000, un tiers de l'ensemble des plaintes déposées auprès des services de contrôle interne de la police nationale, elles ne constituent qu'un très faible pourcentage des sanctions prises par l'institution. Et encore, la majorité des sanctions prises pour des faits de violence illégitime vise des violences commises par des policiers alors qu'ils se trouvent hors service, c'est-à-dire en dehors de tout périmètre légal de l'exercice de la violence.

Cet écart s'explique dans un premier temps par les difficultés que rencontrent les enquêtes conduites sur de telles allégations : il faut d'abord déterminer s'il y a bien eu violence et en avoir une trace incontestable (fournie, à Paris, uniquement par les unités médico-judiciaires). Il faut ensuite établir dans quelle mesure cette violence est disproportionnée : car, à moins de violences particulières (un coup de tête, par exemple) ou d'une gravité extrême (cas – très rares – de tortures), la plupart des traces attestant les coups reçus ne permettent pas d'indiquer quand et comment ils ont été infligés. Une épaule peut avoir été luxée parce que le requérant a résisté avec violence à l'interpellation, tout comme elle peut résulter de coups portés une fois le plaignant menotté : dans le premier cas, la violence est possiblement légitime, aucunement dans le deuxième. Mais pour établir le moment de l'exercice de la violence, il faut des preuves : des témoins, mais il y en a rarement ; des incohérences dans les versions des policiers auditionnés par les services de contrôle interne, mais elles sont tout aussi exceptionnelles. Souvent, le manque de preuves conduit les enquêteurs à conclure à un classement sans suite.

L'illégitimité sous-estimée

Il faut, pour comprendre le traitement réservé aux plaintes en matière de violence illégitime, ajouter un autre élément. Longtemps, les violences qui ne respectaient ni le principe de proportionnalité ni celui d'opportunité n'étaient pas considérées comme étant susceptibles de porter atteinte à la légitimité de l'usage de la violence, sauf niveau de violence totalement excessif. Disons-le plus prosaïquement : qu'un policier serre trop fort les menottes d'un interpellé, qu'il accompagne une clé de bras d'une claque au visage, ou qu'il pousse trop brutalement quelqu'un qu'il contrôle, et il se sera rendu coupable d'une violence illégitime, possiblement illégale si tous les éléments étaient portés à la connaissance de la justice ou des services d'enquête. Mais cette illégalité n'était pas suffisante pour porter atteinte à la légitimité de l'institution elle-même. Les violences illégitimes étaient alors moins couvertes qu'elles n'étaient considérées comme secondaires, à l'opposé d'autres déviances policières, corruption, dévoiements de la fonction policière, qui risquent de bafouer la figure publique de l'institution, et par là même sa légitimité. Mais ces dernières années, force est de constater que les violences illégitimes tendent à apparaître, aux yeux de la population, comme étant de plus en plus scandaleuses, comme en témoigne la problématisation publique et durable de la thématique des violences policières. Certes, il est possible de comprendre cette évolution par une radicalisation, en maintien de l'ordre, des situations conflictuelles entre policiers et protestataires et par la multiplication des captures vidéo de scènes de violences ; mais encore fallait-il, pour que ces preuves matérielles portent, que la société globale dans son ensemble soit prête à recevoir comme scandaleuses les pratiques de violences illégitimes. Cela semble désormais bien être le cas, plaçant alors le travail policier sous un regard scrutateur tout à fait inédit.

Matraque ou gaz lacrymogène ?

Jusqu'où les forces de l'ordre peuvent-elles aller pour réguler et éventuellement réprimer les protestations collectives sur la voie publique ? Loin d'être figée dans le marbre du droit, cette question a fait l'objet d'un lent – et long – apprentissage historique, composé de compromis, d'arrangements et d'adaptations. Au début du 20e siècle, la manière légale, la plus légitime et la moins violente, de disperser une foule rassemblée consistait à la faire charger par des unités de police faisant usage de matraques. Or, au début du 21e, cette méthode est toujours légale, mais elle n'est plus, loin s'en faut, la moins violente. Les forces spécialisées de maintien de l'ordre lui préfèrent aujourd'hui l'usage – parfois massif – de grenades lacrymogènes permettant de contraindre les protestataires à se retirer en portant atteinte à leurs sens plutôt qu'en les frappant en corps-à-corps. En d'autres termes, il peut apparaître légitime de ne pas faire usage d'une violence – la matraque – pourtant légale. La légalité n'équivaut pas nécessairement avec la légitimité, la seconde étant plus rapidement transformée par les évolutions sociales qui traversent le pays que la première. Ainsi, la généralisation des lanceurs de balles de défense en maintien de l'ordre, et les multiples blessures graves que leur utilisation a occasionnées pendant le mouvement de protestation contre la loi Travail en 2016 et surtout, pendant le mouvement des Gilets jaunes, ont contribué à nourrir le diagnostic d'une brutalisation des pratiques policières, dont la légitimité comme, du reste, la légalité sont aujourd'hui fortement contestées.

C. M. de B.

Philippe Robert et Renée Zauberman

Violences en France : peut-on parler de « décivilisation » ?

Pour juger de l'état des violences en France, beaucoup se lancent bille en tête sur l'actualité spectaculaire : tantôt, ils évoquent le terrorisme et les controverses qui se sont greffées dessus, tantôt ce sont les émeutes urbaines qui focalisent l'attention. À eux seuls, ces phénomènes ne permettent pourtant pas de faire émerger des tendances de long terme. Il semble préférable de chercher d'abord des indicateurs dans les mesures de la délinquance. Les agressions sont-elles réellement en hausse ? Comment parvient-on à les mesurer ? Existe-t-il une coïncidence entre les faits de violence, tels qu'on peut en mesurer l'évolution, et notre ressenti subjectif ?

1 – Mesurer les violences : une hausse des agressions ?

L'agression relève d'une criminalité à victime directe – par opposition à celle sans victime directe, comme la fraude fiscale ou l'émission de fausse monnaie… La police en prend le plus souvent connaissance par la plainte des victimes. On dispose par ailleurs d'un instrument particulier, l'enquête de victimation, ainsi que des statistiques sur les causes de décès.

– **Les homicides**[1]. Le nombre de tués constitue le premier indicateur de violence, celui auquel on pense tout d'abord. Les comptages policiers des homicides pointent une croissance depuis 2010, mais elle est due à l'envol soudain des tentatives d'homicide (et non des homicides consommés). On peine à l'expliquer, sauf à soupçonner une posture nouvelle consistant à poursuivre comme tentatives de crimes de meurtre ou d'assassinat des agressions qu'on aurait naguère seulement qualifiées de délits de coups et blessures.

1- Calculés sur la France métropolitaine, comme le sont les autres données présentées.

Figure 1 :
Homicides volontaires, taux pour 100000 habitants, 1971-2023

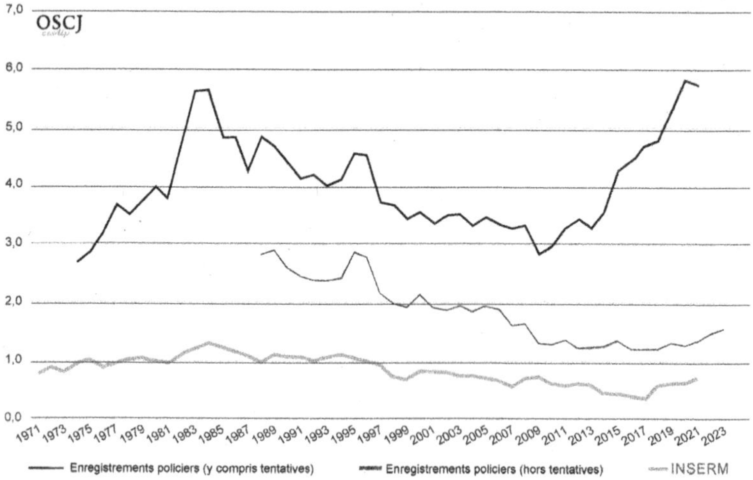

Sources : SSM-SI (données corrigées à partir de 2016 pour les homicides consommés (Inserm-CépiDc) - Champ : France métropolitaine.

Si on se concentre sur le cas des homicides consommés, la statistique de police indique d'abord une phase de baisse lente et continue entre 1996 (2,79 pour 100 000) et 2009 (1,31) suivie d'une décennie de stabilité autour de 1,3. À partir de 2022, on observe une reprise (1,57 en 2023) qui reste malgré tout très en dessous des taux de la dernière décennie du 20e siècle. Dans une criminalité de si petite taille, un changement, même limité, peut suffire à modifier la tendance : il pourrait venir de la croissance observée de la violence liée à la lutte pour le contrôle des marchés de stupéfiants. Des têtes de réseaux largement à l'abri des foudres de l'État mobilisent aisément une population d'exécutants juvéniles qui s'estiment injustement écartés de l'accès aux ressources légitimes : pour eux, une rémunération, même modeste, est toujours bonne à prendre. Cette hypothèse mériterait d'être également testée pour les tentatives d'homicide et les coups et blessures.

La statistique des causes de décès de l'Inserm (0,6 pour 100 000) confirme un ordre de grandeur très faible. Cependant,

Figure 2 :
Agressions physiques avec incapacité totale de travail (ITT) supérieure à 8 jours 1994-2020

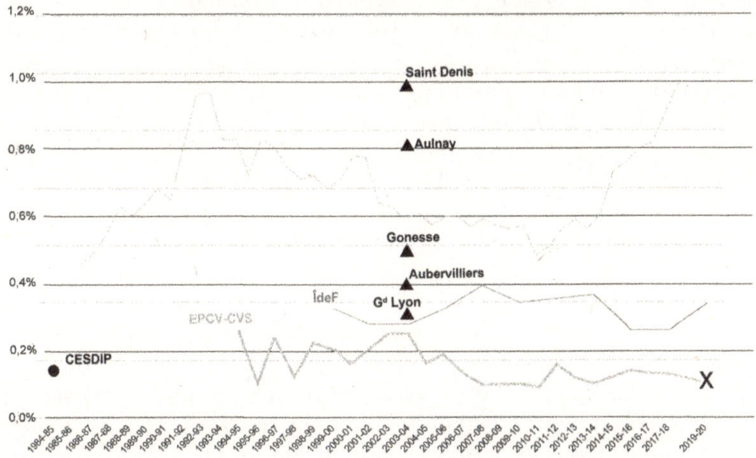

Sources : CESDI, INSEE, IPR - Champ : Variable selon les enquêtes.

la comparaison entre les deux sources[2] amène à rechercher si les chiffres policiers ne sont pas (un peu) alourdis par quelques doubles enregistrements[3] et les données sanitaires sous-estimées quand un homicide n'est pas identifié comme tel.

– **Les coups et blessures.** Plus complexe est le cas des violences physiques non létales. Paradoxalement, le comptage policier excède de plus en plus celui suggéré par les enquêtes de victimation, ce qui semble évidemment absurde. C'est que, traditionnellement, la statistique du ministère de l'Intérieur compte les crimes et délits, pas les contraventions ; or, depuis quatre décennies, une bonne vingtaine de lois sont venues transformer, par le jeu des circonstances aggravantes, en délits de coups et blessures d'anciennes contraventions, soit pour montrer la sollicitude du législateur envers certaines professions (par exemple les gardiens d'immeuble et leur famille), soit pour prouver sa réprobation de

2- Bien que les deux se situent à des niveaux très faibles, leur écart est de l'ordre de 1 à 2.
3- Le SSMSI (Service statistique ministériel de la sécurité interieure) a entrepris de vérifier tous les cas, ce qui n'est possible que parce qu'ils sont peu nombreux.

certains comportements, notamment racistes et xénophobes. Le contenu de cette catégorie a donc changé et la statistique policière est devenue incapable de renseigner sur l'évolution de ces violences caractérisées. Les enquêtes en population générale ont, au contraire, conservé le critère d'origine : elles permettent de savoir que les agressions ayant entraîné une incapacité de travail supérieure à 8 jours sont restées dans le même ordre de grandeur pendant toute la période observée.

Il en va d'ailleurs de même pour l'ensemble des agressions physiques non létales, même en y rajoutant celles qui sont d'une moindre gravité.

– **Injures, menaces...** Il est plus difficile de se faire une opinion sur le niveau et l'évolution des agressions non physiques, telles les injures ou les menaces... La statistique de police les enregistre très peu, en raison notamment du faible taux de plainte. Difficile aussi de se référer aux enquêtes nationales de victimation : une modification maladroite de formulation a engendré une rupture, qui ne permet pas de trancher de la poursuite ou non de la lente croissance observée pendant une décennie autour du tournant de siècle. En tout cas, au sein de l'enquête nationale de victimation, les ordres de grandeur des agressions non physiques sont clairement plus élevés que ceux des agressions physiques. Il est alors intéressant d'observer une différence parmi les caractéristiques des agressés : dans les agressions physiques, il y a une surreprésentation des catégories populaires et des petites classes moyennes ; parmi les victimes d'agressions non physiques, au contraire, les catégories populaires ne sont plus surreprésentées, elles cèdent la place à des CSP+ : moins exposées à la violence physique, celles-ci témoignent d'une sensibilité à des agressions pourtant moins caractérisées.

Les comptages policiers montrent aussi une hausse récente des agressions sexuelles ou de celles par un proche, souvent commises dans l'espace privé. Hausse des agressions ou des plaintes prises en compte ? Les observateurs y lisent généralement l'effet d'une « déprivatisation » (dans la foulée du mouvement *#MeToo*) qui entraîne une croissance – d'ailleurs limitée – de la propension au renvoi par la victime à la police et aussi un meilleur accueil de ces plaintes par les institutions.

Au total, les indicateurs de délinquance violente n'ont pas quitté, à l'échelle de la France métropolitaine, des ordres de grandeur très modérés. Ils contrastent avec ceux de délinquance prédatrice (des vols aux cambriolages…) dont l'érosion[4] dans le dernier quart de siècle n'a pas annulé l'explosion observée entre 1960 et 1990 avec l'entrée dans une société de consommation de masse.

2 – Ressentir la violence : D'où vient le sentiment d'insécurité ?

Mais l'effort d'objectivation de la mesure ne doit pas faire oublier que l'insécurité est un ressenti subjectif. Au cours de la décennie 1960, aux États-Unis, les inventeurs de l'enquête de victimation se sont enquis aussi des réactions émotionnelles des enquêtés : ont-ils peur de la délinquance (*fear of crime*) ? Et là, surprise : l'exposition au risque et son impact coïncident mal ; on peut être victime et sans peur, on peut être indemne et pourtant tétanisé d'angoisse à l'idée du crime. De manière générale, l'inquiétude excède le risque encouru. L'insécurité n'est pas un simple doublon de la victimation ; leur relation est plus compliquée.

Dès le début des années 1970[5], on a découvert que, sous la simplicité apparente de l'expression, le « sentiment d'insécurité » présentait en réalité deux facettes : l'insécurité personnelle – c'est-à-dire la crainte concrète d'être soi-même ou ses proches exposés à la délinquance –, et la préoccupation sécuritaire – soit l'importance qu'on voudrait voir accorder à la criminalité parmi tous les problèmes de société. Craindre le vol, l'agression… pour soi ou les siens est une chose, considérer la délinquance comme un grave problème de société en est une autre. De même, on peut craindre le chômage pour soi ou les siens, mais on peut aussi le considérer comme un grave problème de société quand bien même on ne se sentirait pas personnellement menacé.

– L'insécurité personnelle dépend du risque auquel on est exposé. Toutefois, la perception du péril se combine, pour produire la peur, avec la vulnérabilité ressentie. Celle-ci peut dépendre soit de raisons physiques, comme l'âge ou le sexe, soit de conditions de vie en sorte qu'elle prospère surtout parmi des populations qui se vivent comme précaires. Une analyse territoriale des victimations

4- Essentiellement due au repli des atteintes aux vehicules, tandis que les cambriolages, après avoir baissé dans les décennies 1980 et 1990, ont connu une phase de croissance entre 2008 et 2012.

5- F. F. Furstenberg, « Public Reaction to Crime in the Streets », *The American Scholar* 40, 4, 1971.

et de l'insécurité en Île-de-France[6] en trouve un exemple dans les proches banlieues nord et est de la ville de Paris, lourdement exposées à la délinquance où un néoprolétariat développe des peurs multiples…

Les peurs sont très difficiles à mesurer par un indicateur unique. Elles sont à la fois locales et fragmentées : dans une même population, au cours d'une même enquête, on peut recueillir des scores très différents selon qu'on interroge sur la peur le soir dans la rue, chez soi, dans les différents types de transports publics, ou encore pour ses enfants. Parmi ceux qui ont des enfants vivant avec eux, ce sont les peurs pour ceux-ci qui sont les plus répandues. En ce qui concerne les peurs pour soi-même, on relève d'abord la fréquence de celles concernant les transports en commun. La peur dans son quartier est moins répandue ; en fait, elle est très variable selon le lieu où on vit. C'est aussi le cas de la peur au domicile qui est encore plus rare. Depuis le début du siècle, on n'observe pas de changement notable des ordres de grandeur.

La préoccupation sécuritaire, quant à elle, est moins concrète et moins liée à la situation personnelle. Elle apparaît plutôt comme une représentation idéologique très liée à l'autopositionnement politique et au niveau d'éducation, et c'est d'ailleurs pour cela qu'elle est mesurable par des indicateurs simples. On se la figure souvent comme une variable en noir et blanc alors qu'il existe tout un nuancier qui va des obsédés de la sécurité aux peu préoccupés en passant par ceux qui le sont fortement. Elle peut atteindre des populations qui, sans être à proprement parler précaires, appréhendent de ne pas pouvoir faire face à un risque de précarisation. En Île-de-France, on la trouve chez les petites classes moyennes ou les classes populaires traditionnelles des confins nord, est et sud de la région où la hantise du déclassement social nourrit le souci de se démarquer des immigrés…

Vue à l'échelle du pays entier, cette préoccupation peut par ailleurs varier brusquement sous l'effet d'un évènement spectaculaire ou d'une intense controverse publique… pour regagner, plus ou moins vite, son ordre de grandeur habituel. C'est pourquoi elle s'est inscrite sur une pente (lentement) déclinante après le début du siècle qui avait marqué une acmé. Depuis le milieu des années 1970, le sixième de la population la considérait comme un problème social tout à fait prioritaire, et un tiers y était sensible mais à un niveau plus modéré. Il semble que nous nous trouvions

6- A. Jardin, E. Préteceille Edmond, P. Robert, R. Zauberman, « Territoires et insécurité en Île-de-France » *Déviance et Société* 45, 2, 2021 https://doi.org/10.3917/ds.452.0121.

actuellement à nouveau devant une poussée de la préoccupation sécuritaire.

3 – Des zones de relégation ?

N'y a-t-il pas un contraste saisissant entre l'image renvoyée par les indicateurs de délinquance et d'insécurité, qui montrent une certaine stabilité, et l'accumulation de crises – des Gilets jaunes aux émeutes de 2005 ou 2023 –, parfois perçue comme preuve d'une flambée de violence ? Il est vrai que périodiquement, on sonne, depuis la droite et l'extrême droite, l'alarme pour l'insécurité et la violence à la faveur de faits divers d'actualité horribles mais pas nécessairement représentatifs des tendances globales. Si ces discours saturent les réseaux sociaux et sont repris par les chaînes d'information en continu qui se sont spécialisées dans le « blanchiment » des discours d'extrême droite, ils risquent d'accéder au statut d'évidence médiatique, qui entraîne le ralliement – enthousiaste pour certains, honteux pour d'autres, c'est selon – du monde politique.

Il est vrai également que si on resserre la focale, on voit apparaître des zones où la peinture est beaucoup plus alarmante que celle dessinée par l'examen des données nationales. Pour minoritaires qu'elles soient, ces situations particulières appellent des mobilisations et relèvent de politiques spécifiques. Malheureusement, le centralisme qui régit les problèmes de sécurité empêche de bien prendre en compte cette diversité : on oscille entre généralisation abusive ou dénégation de leur existence. Il en irait autrement si la sécurité relevait de la compétence régionale ou locale ; encore faudrait-il que ces échelles de gouvernement disposent des moyens et des compétences[7] pour développer, dans les situations qui l'exigent, de véritables politiques publiques de sécurité appuyées sur des descriptifs locaux suffisamment précis, sans pour autant prétendre à la généralité.

En tout état de cause, à l'échelle nationale, bien qu'elle atteigne des scores non négligeables, l'alerte à la criminalité ne figure pourtant pas au premier rang des problèmes de notre société. Aussi bien, derrière l'alarme à l'insécurité, de plus en plus clairement, voit-on pointer la haine de l'étranger. On y lit souvent un réflexe identitaire ; peut-être s'agit-il surtout d'un doute : on est tellement peu assuré de son identité qu'on cherche sans cesse à débusquer des

7- Seule la région Île-de-France a pu faire développer par son Institut Paris Region (IPR) un programme durable d'enquêtes sur le victimation et l'insécurité.

« différents ». L'immigré figure au premier plan : il semble d'autant plus redoutable qu'il est déjà dans la place. D'où la focalisation sur les quartiers de relégation, souvent à forte composante immigrée.

Au cours des deux dernières décennies du 20e siècle, on avait assisté à une certaine prise de conscience de la multiségrégation dans laquelle ces quartiers avaient été progressivement enfermés, et à des tentatives pour établir une politique de la ville soucieuse de sortir ces espaces urbains et leurs habitants de leur isolement. À partir de la première décennie du 21e siècle, cette politique a privilégié le bâti et négligé le social, une évolution encore aggravée par l'épuisement d'un tissu associatif autrefois très actif. En même temps, à travers le refus de toute « police de proximité », s'est affirmée une conception sécuritaire centrée sur un harcèlement policier permanent des groupes de jeunes, illustré notamment par une débauche de contrôles d'identité et de brimades. De même que la prévention et l'immigration sont désormais rattachées au ministère de l'Intérieur, les quartiers de relégation sont, en quelque sorte, confiés à la police.

L'alerte au terrorisme est venue durcir la dimension xénophobe des campagnes sécuritaires. Déjà présentés comme la figure du délinquant, les « jeunes de banlieue » ont été en même temps soupçonnés de constituer un réservoir d'apprentis terroristes.

Sur le long terme, l'insécurité est loin de figurer au premier plan des problèmes de société qu'on voudrait voir traités par la puissance publique : le thème de l'emploi y a régné pendant longtemps, le pouvoir d'achat lui a succédé. Tout récemment, le repli de ces préoccupations « sociales » a permis une remontée des thèmes sécuritaires. On remarquera cependant que la xénophobie anti-migrants dépasse l'inquiétude pour la délinquance[8].

4 – Une responsabilité de l'État

Que penser alors de cette proposition plus globale qui accuse la société de « décivilisation », comme l'a avancé le président de la République Emmanuel Macron lors du Conseil des ministres du 24 mai 2023 ?

Les cours royales de l'âge classique des Temps modernes avaient infusé, soutenait Norbert Elias[9], un mouvement multiséculaire de civilisation reposant sur un fort développement de

8- B. Teinturier, M. Gallard, P. Latrille, « Fractures françaises 2023 », 11e édition, Paris CEVIPOF, Le Monde, Fondation Jean Jaurès, Institut Montaigne. https://www.sciencespo.fr/cevipof/fr/etudes-enquetes/enquete-fractures-francaises/f

9- N. Elias Norbert, *La civilisation des mœurs*, Calmann-Lévy, 1994 (éd.or. allemande 1939)

l'autocontrôle. Mais cette puissante construction théorique est apparue au moment où le pays de naissance d'Elias s'enfonçait avec le nazisme sur un chemin qui conduisit à la Seconde Guerre mondiale et à la Shoah. Qu'on l'explique par une curialisation progressive des sociétés ou par la sortie du monde de l'honneur et de la réputation, le long processus de pacification de sociétés de plus en plus étatisées n'exclut pas des mouvements contraires pour lesquels on a parlé parfois de « décivilisation ».

S'il paraît quelque peu démesuré d'apparier la France actuelle et l'Allemagne nazie, accuser la société de décivilisation semble présenter l'avantage, pour le personnel politique, d'exonérer l'État à un moment où il lui est souvent reproché, y compris par les organismes supranationaux, de brutaliser la société, tant par sa gestion des inégalités sociales que par sa doctrine de maintien de l'ordre. La décivilisation de l'Allemagne nazie s'est opérée justement par une brutalisation de la société par le parti et l'État, de sorte que parler de décivilisation de la société n'exonère peut-être pas si facilement l'État et le monde politique

D'où le débat récurrent sur les « violences policières ». La doctrine d'emploi de la police accorde une place accrue au maintien de l'ordre, alors même que la plupart des pays européens voisins privilégient aujourd'hui le principe de non-confrontation. L'épisode des Gilets jaunes a montré que cette doctrine pouvait s'appliquer au-delà des jeunes de banlieue à d'autres catégories sociales. À quoi s'ajoute la controverse sur l'accroissement des tirs, parfois mortels, notamment dans le contrôle routier de jeunes qui conduisent sans permis.

Les observateurs[10] ont été sidérés par l'ampleur des dégâts causés lors de quelques nuits d'émeute en juillet 2023. Ne tient-on pas là – enfin – de quoi confirmer le diagnostic qui accuse la société d'être de plus en plus violente ?[11]

À s'arrêter à cette généralisation, on risque de passer à côté de ce qui fait problème. Des jeunes émeutiers, on relève souvent la rage destructrice ; se considèrent-ils comme faisant partie de la même société que leurs cibles ? Accusés par l'extrême droite et la droite de ne pas faire partie de l'identité nationale, eux-mêmes s'estiment victimes d'un creusement des inégalités politiques, économiques et sociales. Ils sont par ailleurs unanimes à

10- A. Albertini, L. Bronner, « Violences : un bilan sans précedent », *Le Monde*, 4 juillet 2023.

11- Dans la 11e enquête du CEVIPOF sur les fractures françaises (*op.cit.*), 91% des enquêtés pensent vivre dans une société plutôt ou très violente. Il est vrai qu'elle a été passée peu après les émeutes de juin 2023, mais l'enquête de l'année précédente affichait déjà un score de 89%.

considérer la police – souvent leur seul interlocuteur – comme une « ennemie ».

Le rejet ostensible du plan Borloo de relance de la politique de la Ville – quand bien même certaines de ses mesures ont été ensuite mises en vigueur en catimini – est emblématique de cette espèce de vide politique dans lequel les jeunes des quartiers de relégation peuvent se juger enfermés.

Si l'ambition de l'État national est de faire société, c'est-à-dire qu'il n'y ait pas d'ennemis à l'intérieur mais seulement des adversaires qui puissent débattre en trouvant des porte-parole dans l'offre politique nationale, alors nous sommes arrivés à un niveau de crise qui atteint le vivre-ensemble de notre société.

Parler d'augmentation de la violence n'épuise pas le problème : plus profondément, on discerne une fêlure sur la manière de faire société. Si l'ensemble des politiques publiques – éducation, santé, sécurité... – doivent s'assigner cette ambition, il reste que celle-ci concerne en dernier ressort la mobilisation des citoyens.

L'enquête de victimation, un outil de mesure

Inventée aux États-Unis au cours des années 1960, l'enquête de victimation y a été institutionnalisée dans la décennie suivante avant de se généraliser. Elle consiste à demander aux membres d'un échantillon représentatif de la population s'ils ont été, au cours d'une période donnée, victimes de tel ou tel méfait. Il s'agit d'une mesure immédiate de la délinquance à victime directe, la statistique policière n'étant qu'un comptage indirect qui dépend essentiellement de la propension des victimes à informer la police, mais aussi des pratiques policières d'enregistrement.

L'enquête de victimation ne peut évidemment pas renseigner sur les homicides consommés, dans la mesure où la victime n'est plus là pour y répondre, mais on dispose d'autres sources, notamment de la statistique sanitaire des causes de décès largement utilisée dans les comparaisons internationales.

P. R. et R. Z.

Géographie des disparités régionales

En matière d'agressions, certaines zones peuvent s'éloigner fortement des résultats nationaux. Les enquêtes de victimation indiquent l'importance de la multivictimation (un même individu a été touché par plusieurs agressions dans la période récente), qui signale l'existence de foyers de concentration dont les taux peuvent excéder nettement les résultats globaux. Des enquêtes locales ponctuelles réalisées au début du siècle avaient déjà attiré l'attention sur les taux d'agressions beaucoup plus élevés, par exemple dans certaines communes de la proche banlieue nord-est de Paris.

Un exemple typique, presque caricatural, est fourni par les quartiers devenus des centres de commercialisation de produits prohibés : la concurrence très dure conduit dès lors à un niveau élevé de violence dans des zones et pour des populations qui accèdent mal à l'emploi stable.

P. R. et R. Z.

Nicolas Journet

Peut-on expliquer les crimes de masse ?

Par sa dimension systématique, l'extermination de six millions de Juifs et d'autres victimes par le régime nazi, a fait écrire au sociologue Zygmunt Bauman qu'on avait affaire à un « phénomène typiquement moderne qui ne peut être compris en dehors du contexte des tendances culturelles et des réalisations techniques de la modernité[1] ». Bien que frappante, son analyse était un filet aux mailles trop larges pour expliquer les grands massacres du 20e siècle. L'industrialisation des moyens de destruction est surtout responsable de l'ampleur des ravages causés par les guerres modernes, et ne rend pas compte de ce qui fait la spécificité des massacres. Contrairement aux guerres, les massacres visent des victimes désarmées ; les moyens employés peuvent être très rustiques, et leurs buts inexplicables. Ils sont souvent liés aux guerres, mais pas toujours. Leurs acteurs peuvent n'appartenir à aucune organisation armée et agir de leur propre chef.

Culture ou mécanique de groupe ?

Les historiens, sociologues, voire psychologues qui, depuis l'Holocauste en particulier, se penchent sur ces traumatismes de l'histoire conviennent qu'il n'existe pas de modèle standard : ce qui les unit se résume à leurs actes éliminateurs, qui échappent à toute norme morale et semblent irrationnels. La question de ce qui rend possible l'exécution de massacres fait l'objet d'un débat inauguré par deux historiens américains dans les années 1990.

En 1992, Christopher Browning analysait les agissements d'un groupement de police allemande responsable, en 1941, du meurtre par balles de 38000 Juifs polonais[2]. Il relevait que ces hommes,

1- Z. Bauman, *Modernité et Holocauste*, 1989, La Fabrique, 2002.

2- C. Browning, *Des hommes ordinaires. Le 101e bataillon de réserve de la police allemande et la Solution finale en Pologne*, 1992, rééd. Tallandier, 2007.

pères de famille dans le civil, n'étaient pas particulièrement nazis, et ne vouaient pas de haine profonde aux Juifs. Mais, pendant trois mois, ils avaient consenti à assassiner des femmes, des enfants et des vieillards. Ils avaient agi pour ne pas démériter de leurs pairs, et sans y être absolument contraints. Bien sûr, le projet avait été élaboré par des idéologues nazis, mais les exécutants, eux, n'avaient fait que se conformer à la tâche horrible qu'on leur désignait. La leçon de C. Browning était que des hommes banals pouvaient facilement devenir des criminels, une fois pris dans une mécanique de groupe.

Quatre ans plus tard, Daniel Goldhagen[3] reprenait les mêmes archives, mais les replaçait dans le contexte d'une culture allemande profondément « antisémite-éliminationniste » : selon lui, les bourreaux de Pologne étaient bien animés par la haine des Juifs, de même que, de manière diffuse, le peuple allemand dans son ensemble.

Le livre fut un *best-seller*, mais croula aussi sous les critiques.

Banalité du mal

Ces deux lectures des mêmes faits ont laissé des traces profondes, fixant le cadre de bon nombre de tentatives d'explication d'autres cas de massacres. Ainsi, l'alternative « culturaliste » *vs.* « dynamique de groupe » imprègne-t-elle, selon Nicolas Mariot, les études consacrées au génocide rwandais de 1994[4] : 800000 Tutsis (ou assimilés) massacrés en trois mois par des miliciens du Hutu Power, mais aussi par leurs voisins. Certes, la tuerie avait été ordonnée depuis la capitale, et précédée par une intense propagande, mais le nombre et la cruauté des participants villageois laissaient pantois. Dans un premier temps, les analyses fournies par des observateurs, anthropologues ou journalistes, faisaient état de la rivalité ancienne entre Hutus et Tutsis[5] : ce n'était pas la première fois que des tueries interethniques se produisaient, au Rwanda comme au Burundi voisin. Que la haine ait été attisée par un occupant colonial changeait peu de choses au fait que le moteur était culturel et « ancestral ».

3- D. Jonah Goldhagen, *Les Bourreaux volontaires de Hitler. Les Allemands ordinaires et l'Holocauste*, Seuil, 1997.

4- N. Mariot, « Le tout et la partie. À propos des lectures savantes du génocide tutsi », *in* L. Atlani-Duault *et al.* (dir.), *Violences extrêmes. Enquêter, secourir, juger. République démocratique du Congo*, Rwanda, Syrie, MSH, 2021.

5- P. Gourevitch, *Nous avons le plaisir de vous informer que, demain, nous serons tués avec nos familles*, 1998, rééd. Gallimard, coll. « Folio », 2002.

Mais l'étude fine des récits de survivants et des confessions de tueurs recueillies par des politologues allait arguer que la haine de l'autre n'était pas le principal motif de la participation au génocide[6]. D'abord, cette dernière n'était pas uniforme : certains secteurs y avaient consenti plus que d'autres. Ensuite, la menace des miliciens et la peur de l'avancée des troupes tutsies (FPR) y étaient pour beaucoup. Enfin, le choix de participer ou non avait été guidé par toute sorte d'obligations locales : liens familiaux, dettes, services rendus, etc. La proximité avec le Hutu Power et la haine des Tutsis n'étaient pas des dispositions plus déterminantes que le réseau social dans lequel les acteurs étaient pris. Les villageois avaient tué leurs voisins comme on exécute une corvée.

Ces deux lectures des violences de masse sont, pour les chercheurs, des alternatives que, d'un point vue plus distant, on pourrait juger cumulables et compatibles. Elles jettent cependant un regard différent sur la propension de l'homme à se transformer en criminel de sang-froid.

6- L. Ann Fuji, *Killing Neighbors. Webs of violence in Rwanda*, Cornell University Press, 2009.

Une typologie des massacres

Dans *Diviser pour tuer* (Seuil, 2016), le sociologue néerlandais Abram de Swaan s'efforçait d'identifier les circonstances dans lesquelles les crimes de masse se produisent. Il en distingue quatre types.

• La « frénésie des vainqueurs »
Suite à leur succès guerrier, des vainqueurs exercent des représailles contre une population désarmée, par vengeance ou haine raciale, pour les soumettre ou s'approprier leurs biens (la « Shoah par balles » en Pologne, les Japonais à Nankin en 1937).

• La « domination par la terreur »
Un régime établi impose sa politique à des citoyens réticents par des violences directes ou en les menant à une mort lente (Ukraine, années 1930).

• Le « triomphe du vaincu »
Confronté à une défaite probable, un régime déclenche une campagne de destruction de son « ennemi intérieur » (génocide des Arméniens en 1915, Rwanda en 1994).

• Le « mégapogrom »
Il voit une fraction de population se lancer contre une autre, sous l'œil complice ou impuissant des autorités politiques (musulmans et hindouistes lors de l'indépendance de l'Inde en 1947).

N. J.

À lire

• *Penser les génocides*, Itinéraires de recherche (coll.), CNRS éditions, 2021.

Troisième partie

Le terrorisme

Laurent Testot

Tuer au nom de Dieu

« Tuez-les tous, Dieu reconnaîtra les siens ! » Cette formule est attribuée au légat du pape Arnaud Amalric lors de la croisade contre les cathares au 13e siècle. Elle est pourtant apocryphe – son auteur supposé ne l'a pas énoncée. Si elle a marqué les esprits, c'est qu'elle synthétise avec efficacité une idée partagée : tuer au nom de Dieu rendrait le meurtre plus efficace.

Or l'humain est réputé jouir d'une faculté, l'empathie, supposée éviter ce processus. L'empathie nous interdit d'infliger à autrui ce qu'on ne voudrait pas subir de sa part. Elle soude le social, nous pousse spontanément à venir en aide à notre semblable, et nous empêche, en temps normal, de lui faire du mal. Mieux même : plus il nous est difficile de supporter l'idée de subir ce mal, plus il nous sera difficile de l'infliger. Comment expliquer que des actes atroces, et inutiles d'un strict point de vue tactique, décapitations, castrations... semblent une constante des conflits ?

Tuer pour rendre service à sa victime

Dans les années 1930, le bonze bouddhiste japonais Inoue Nisshô organisa trois assassinats politiques qui lui valurent un séjour en prison. Ce gourou convainquait ses adeptes de procéder aux meurtres selon une doctrine originale : en sacrifiant simultanément son ego et sa victime, l'assassin les faisait progresser tous deux sur la voie du Bouddha[1]. Brian Victoria, moine zen et historien australien[2], rapporte que les leaders du zen justifiaient au même moment l'atroce guerre coloniale que menait le Japon en Chine par le syllogisme suivant : tuer ceux qui s'opposent à l'empereur, qui sont donc dans l'erreur, revient à leur rendre service, puisqu'ils persisteront moins longtemps dans l'erreur et bénéficieront dans leur prochaine réincarnation d'un meilleur karma.

1- P. Lavelle, « Bouddhisme et terrorisme dans le Japon ultranationaliste. La conjuration du sang », *Mots. Les langages du politique,* n° 79, novembre 2005.

2- B. Victoria, *Le Zen en guerre*, 1868-1945, Seuil, 2001.

En 1995, I. Nisshô a trouvé un avatar en la personne d'un autre gourou bouddhiste, Shôkô Asahura. Dix de ses adeptes diffusèrent de manière coordonnée des nuages de gaz sarin dans le métro de Tôkyô, tuant 12 personnes et en blessant des centaines d'autres. Les perquisitions montrèrent que cette secte comptait des milliers de membres fanatisés au Japon et en Russie, avait fabriqué avec ses propres moyens un millier de fusils d'assaut, testé des armes bactériologiques…

Le sociologue Mark Juergensmeyer[3] estime que l'efficacité du terrorisme religieux repose sur l'endoctrinement. Les idéologues ont pour objectif de faire percevoir aux exécutants le combat qu'ils vont livrer comme le reflet terrestre d'une lutte céleste, donc sacrée. En conséquence, ce combat ne saurait se soumettre à des limites. La démesure de la violence terroriste s'opérerait à seule fin de marquer les esprits de ses victimes, directes comme indirectes (l'opinion publique *via* les médias), même si ses commanditaires peuvent en tirer des bénéfices indirects (guerre asymétrique).

Pour autant, les religions n'ont pas forcément le monopole de ce processus. D'autres idéaux peuvent être mobilisés, notamment le sentiment nationaliste ou l'idée de l'appartenance ethnique. La seule chose qui importe : cet idéal doit être sacralisé pour permettre à l'imaginaire d'accéder à une dimension supérieure, transcendante, où les règles du monde ordinaire n'ont plus cours.

Déshumaniser pour massacrer efficacement

Retrouve-t-on un imaginaire de ce type dans le nazisme? L'historien Johann Chapoutot[4] rapporte que les médecins qui obéirent aux ordres d'Hitler d'assassiner des enfants malades le firent au nom de l'« humanité », comme ils s'en justifièrent devant les tribunaux d'après-guerre. Au nom de ce type de raisonnement furent exterminés industriellement Juifs, Tsiganes, homosexuels… Le pire devenait réalité, à condition de tordre la notion d'humanité, d'en faire un idéal racial, supposé pur. Une fois cette étape du discours franchi, une fois partagée l'idée que la race était l'idéal suprême, il devenait possible de réifier la cible humaine en « ennemi biologique », ravalé au rang de nuisible menaçant d'entraîner la dégénérescence de la race. Ceux qui participaient à la mise à mort ne devaient pas penser avoir affaire à des humains.

3- M. Juergensmeyer, *Au nom de Dieu, ils tuent! Chrétiens, juifs ou musulmans, ils revendiquent la violence*, Autrement, 2003.

4- J. Chapoutot, *La Loi du sang. Penser et agir en nazi*, Gallimard, 2014.

Le sentiment d'appartenance ethnique, même s'il est de construction récente, anime les guerres d'ex-Yougoslavie ou le génocide rwandais de 1994. L'historienne Hélène Dumas[5] a tenté de comprendre comment, en trois mois, plus de 800 000 Tutsis avaient pu être massacrés par leurs voisins Hutus, en étudiant ce qui s'était passé dans une petite ville. Le « génocide de proximité » est rendu possible par un puissant mouvement de « déshumanisation » qui se joue dans l'imaginaire, par le biais des médias, et animalise la cible. Une fois assimilée l'idée que le voisin est un cafard, un serpent menaçant, il suffit de partir à la chasse aux Tutsis. On n'assassine pas des animaux, on les abat. Pour déshumaniser jusqu'au bout, on s'acharne sur les cadavres jusqu'à ce qu'ils n'aient plus forme humaine.

Comme en écho, l'historien Denis Crouzet, spécialiste des guerres de religion du 16e siècle en France, rapporte que lorsque les fanatiques catholiques se déchaînent, ils composent des installations scéniques des corps de leurs adversaires tués, dénudés, mutilés, désacralisés, à seule fin de souligner la bestialité supposée de l'adversaire... L'« hérétique » est dit possédé par Satan, il a égaré son âme, il n'est plus un homme à l'image de Dieu, mais une « beste » à détruire, qui doit perdre sa forme[6]. La théâtralisation sert déjà à faire entrer la propagande dans les esprits, à rendre plus efficace le passage à l'acte.

Les épisodes de violences idéologiques dans l'histoire montrent une constante : le discours précède les actes, les rend envisageables, possibles, effectifs. Ces discours perdurent dans leur forme générale dans le temps, même s'ils s'adaptent à leur époque. Ils évoquent la victimisation des uns, qui seront les élus de demain. Puis ils passent à l'étape de l'animalisation, de la chosification de l'autre, de l'ennemi supposé, fantasmé comme l'exact opposé de l'élu. Dans l'imaginaire des exécutants, la pureté s'oppose à la dépravation. Ils se voient dépositaires d'une onction divine, l'instrument du courroux céleste.

Or nous vivons une époque où ces discours peuvent prendre de plus en plus d'ampleur, car la communication se montre toujours plus efficace, plus accessible à tous, par Internet notamment. Ajoutons que contrairement au ressort nationaliste ou ethnique, le recours au discours religieux est universel. Il peut opérer au niveau mondial, contaminer tout un chacun, gamin(e)

5- H. Dumas, *Le Génocide au village. Le massacre des Tutsis au Rwanda*, Seuil, 2014.

6- D. Crouzet, *Les Guerriers de Dieu. La violence au temps des troubles de religion (vers 1525-vers 1610)*, Champ Vallon, rééd. 2005.

désocialisé(e) ou intellectuel(le) révolté(e). Celui qui a déposé www.aunomdedieu.com ne pourra que connaître une belle carrière médiatique...

Antoine Jardin

Banlieues, le berceau du terrorisme ?

Au cours des dix dernières années, la France a été marquée par des phénomènes de violence vécus comme traumatisants. En octobre et novembre 2005, des émeutes éclatent en Seine-Saint-Denis avant de se propager rapidement à l'ensemble du pays. À l'époque, plusieurs responsables politiques soutiennent l'initiative du Premier ministre Dominique de Villepin qui souhaite rétablir l'état d'urgence en s'appuyant sur la loi de 1955. Ce texte, héritier de la guerre de décolonisation en Algérie, fait écho à la situation contemporaine. En janvier, puis en novembre 2015, la France a été frappée par deux séries d'attentats islamistes. Après les attaques du 13 novembre 2015, les plus meurtrières depuis la fin de la Seconde Guerre mondiale, le même texte législatif fut invoqué pour rétablir l'état d'urgence et les moyens accrus qu'il attribue à la police.

Ainsi, la tentation est forte d'assimiler les actes de terrorisme à la situation des émeutes, en inscrivant les secondes dans le prolongement des premiers. Toutefois, cette hypothèse ne résiste pas à l'analyse. Il n'est pas possible de développer une explication générale de « la violence des jeunes de banlieues » qui expliquerait à la fois les émeutes et le jihadisme. En 2005, les mouvements de protestation étaient collectifs et spontanés. La violence des émeutiers était principalement tournée vers les biens matériels tels que les voitures incendiées. Les affrontements de l'époque avaient principalement lieu avec la police, au moyen de pierres, de cocktails Molotov improvisé et dans quelques rares cas d'armes à feu.

À l'inverse, la logique du terrorisme telle qu'elle s'est déployée au cours de l'année 2015 est marquée par la préparation d'une attaque collective contre des civils, ou contre des policiers n'étant pas en situation de s'opposer aux violences en cours. L'usage planifié d'armes lourdes tranche nettement avec l'utilisation spontanée des projectiles. Là où l'émeute est une technique de la protestation collective, le terrorisme s'inscrit dans une logique différente, celle de l'affrontement mortel et sans négociation. Enfin, le terrorisme implique généralement des individus de plusieurs nationalités, dont certains ont grandi loin du contexte social français.

Logiques d'affrontement...

Le parallèle entre ces événements est donc à la fois trompeur et dangereux. En revanche, on constate dans les réactions officielles et dans les discours publics un certain glissement du sens, principalement survenu après les attentats de janvier 2015 à *Charlie Hebdo* et à l'Hyper Cacher de Vincennes. La parole du Premier ministre Manuel Valls dénonçant « l'apartheid » français tenait ainsi implicitement la ségrégation urbaine pour principal facteur explicatif de la violence politique islamiste. Après les attentats du 13 novembre, les propos du ministre de l'Économie Emmanuel Macron sur l'existence d'un « terreau » favorable au terrorisme dans les quartiers marginalisés sous-entendaient le même type de causalité entre conditions de vie et passage à la violence.

Pourtant, si le terrorisme prend forme dans un contexte social, il ne peut s'y limiter. La marginalisation des descendants de l'immigration postcoloniale dans certains quartiers fortement relégués est un facteur qui a pu favoriser la progression des attitudes autoritaires et des idéologies islamistes mais elle n'en constitue pas la cause. L'émergence de ces phénomènes ne relève pas d'une dynamique franco-française, mais de la transcription sur le sol national d'une entreprise politique jihadiste déjà ancienne. Après l'échec de la stratégie politique du mouvement Al-Qaïda, n'étant pas parvenu à capter le soutien des populations musulmanes en Europe, un nouveau discours appelant à la violence est parvenu à s'implanter chez certaines personnes en France. Mais ce mouvement est très limité, il ne peut être tenu pour une généralité. C'est la raison pour laquelle il est inexact de parler d'une radicalisation des banlieues. En revanche, il existe effectivement une dynamique de montée de l'autoritarisme et des logiques d'affrontements dans les attitudes d'une composante très minoritaire de la population de ces quartiers.

Tout le défi des chercheurs en sciences sociales vise à discerner finement et rigoureusement ce qui relève de la part réelle des dynamiques de radicalisation politique et religieuse, et de ce qui relève de l'évolution politique générale des quartiers populaires.

...et demande de reconnaissance

Pris dans leur ensemble, ces espaces sont principalement marqués par une hausse de la participation citoyenne de leurs habitants. Entre 2005 et 2007, le nombre d'inscrits sur les listes électorales y progresse fortement et augmente plus vite que dans le reste du pays. Au lendemain des émeutes de 2005, les attentes de l'électorat des banlieues se structurent en sympathie avec la gauche et en opposition avec le candidat UMP de l'époque, Nicolas Sarkozy. Entre 2005 et 2012, le nombre d'électeurs inscrits sur les listes électorales augmente de 100 000 individus, une croissance de 16 %. Cette polarisation mobilisatrice va se déployer de façon régulière entre 2007 et 2012, menant à l'élection de François Hollande en 2012. À cette occasion, on assiste au pic de représentation des habitants des quartiers populaires. C'est lors de ce scrutin que la part des votants dans la population locale sera la plus importante. Pourtant, il ne faut pas oublier que dans les quartiers populaires plus qu'ailleurs, la population comporte une part significative d'étrangers ne disposant pas du droit de vote. Les citoyens français y demeurent souvent moins bien inscrits sur les listes électorales et leur participation au vote reste fragile et irrégulière.

Depuis 2012, sous les effets conjugués de la montée de la précarité et du chômage, et de la relégation de la question des quartiers populaires dans l'agenda du gouvernement, de nombreux électeurs de ces espaces se sont détournés des urnes. L'affiliation politique des banlieues, historiquement construite avec un tropisme à gauche, est aujourd'hui fortement déstabilisée.

Sans être rompu, ce lien qui s'était lentement construit en 2005 et 2012 est nettement distendu. Les attentats de 2015 ont eu pour effet de le mettre en cause. Dans la réponse aux actes terroristes se trouvera une composante importante de l'attitude des électeurs des quartiers populaires. Si leur demande de protection et de reconnaissance ne trouve écho que dans des mesures perçues comme stigmatisantes pour les banlieues et les musulmans, leur marginalisation politique s'en trouvera accrue dans un contexte social marqué par la montée de l'ethnocentrisme.

Ce texte a paru pour la première fois en février 2016.

Entretien avec Marwan Mohammed

« Les quartiers sont animés par une culture de l'embrouille »

Au milieu des années 2010, les jeunes des quartiers prioritaires de deux villes qu'on appellera Candé et Poséine se livrent depuis des années une guerre sans merci. Comme c'est souvent le cas, ils ne savent plus comment les « embrouilles » ont démarré. Agressions et rixes, entrecoupées d'interpellations, font partie de leur quotidien. Jusqu'au jour où tout bascule : quatre garçons de la bande de Candé descendent à Poésine pour laver l'honneur de Nino, agressé quelques jours plus tôt par un gars du clan rival. Comme d'habitude, les adolescents sont armés. Il s'agit surtout de se faire peur, mais dans la bagarre, Véli, 15 ans, prend plusieurs coups de couteau et meurt.

Le sociologue Marwan Mohammed revient en détail sur ce drame qui l'a bouleversé dans le prologue de son dernier ouvrage consacré aux rivalités de quartiers, « *Y a embrouille* » (Stock, 2023). Les violences mortelles demeurent peu fréquentes lors de ces rixes, mais cette histoire permet de bien comprendre la mécanique de « l'embrouille ». Au-delà des bagarres, l'embrouille fait l'objet d'une véritable culture, fondée sur un ensemble de normes et de valeurs (masculinité hégémonique, quête de réputation, etc.), explique le sociologue qui enquête depuis près de 20 ans sur le sujet. Nous le rencontrons à Villiers-sur-Marne (Seine-et-Marne), sa ville de jeunesse, devenue un de ses terrains d'enquête.

Qu'est-ce qu'une « embrouille » ?

Contrairement au mot-valise de « rixe », souvent entendu dans les médias ou dans le langage policier, la notion « d'embrouille de cité ou de quartier » est utilisée par les jeunes pour évoquer les histoires qui les opposent aux bandes rivales. Elle désigne un conflit entre les occupants de deux espaces ou micro-espaces. Elle implique à la fois la notion de « querelle » et de « confusion », car ses origines sont souvent opaques…

On peut définir ces embrouilles comme des menaces, des intimidations, et des échanges de violence qui nourrissent une conflictualité latente entre des collectifs de jeunes affiliés à des réseaux et des territoires de sociabilité. Les quartiers sont ainsi animés par une véritable culture de l'embrouille, omniprésente dans la construction des identités et dans les modes de participation sociales.

Pourquoi les jeunes de quartier ressentent-ils le besoin de s'embrouiller ?

Les jeunes ressentent l'impératif de préserver leur honneur et de sauver la face, ce qui alimente la conflictualité. L'embrouille constitue un pilier de la sociabilité amicale, dès le plus jeune âge. Il y a une dimension presque existentialiste dans cette attitude : « Je m'embrouille, donc je suis. » On retrouve cette culture du « clash » dans les cultures urbaines, qu'il s'agisse du cinéma, du rap, du slam ou encore dans la danse hip-hop.

Qui sont les protagonistes de ces « embrouilles » ?

À l'instar de Véli et ses camarades, ce sont essentiellement des jeunes garçons issus de milieux populaires et vivant dans les quartiers prioritaires des villes ou les zones rurales les plus précarisées. Parmi ces jeunes, qui se regroupent par générations (selon leurs années de naissance), on distingue trois profils. Les impliqués : ceux qui font vivre l'embrouille. Ce sont souvent des adolescents en échec scolaire et familial. Ils trouvent dans la socialisation de la rue et de la bande, la valorisation dont ils ne bénéficient pas à l'école, dans le sport ou à la maison. Ils sont souvent connus des services de police. Autour d'eux, opère un second cercle composé de jeunes qui prennent part aux embrouilles par loyauté amicale, familiale ou territoriale. C'est le cas de Véli, venu soutenir son copain Nino. Enfin, une troisième catégorie, beaucoup plus large, englobe tous les jeunes des quartiers concernés par le simple fait qu'ils y vivent.

Quel rôle occupent les jeunes filles dans ces embrouilles ?

Les filles qui réussissent mieux à l'école, et sont davantage contrôlées par leurs familles sont globalement absentes des affrontements physiques. Les bandes de garçons d'ailleurs font pression pour les garder à distance. Elles en ont revanche une place dans tous les autres espaces de l'embrouille, qu'il s'agisse de l'entretenir, de la commenter, de la modérer ou de la prévenir. Par exemple, plusieurs filles de Candé et de Poséine ont été accusées de contribuer à l'organisation des guets-apens ou des rixes en partageant des informations concernant l'emploi du temps et la position des garçons du clan adverse.

Comment naît et grandit une embrouille ?

Souvent, les causes sont très futiles, et tellement anciennes qu'on les a oubliées. L'essentiel, c'est la disponibilité à l'embrouille de certains jeunes du quartier. Et le principal facteur, c'est l'échec scolaire sur fond de ségrégation sociale et spatiale. L'école incarne pour les familles de milieu populaire l'espoir d'une ascension sociale. En échouant, ces jeunes déçoivent aussi leurs parents, ce qui décuple leur sentiment d'infériorité. C'est cette frustration qui pousse beaucoup d'adolescents à chercher une autre voie de reconnaissance dans la bande et sa tendance à faire un usage de sa force physique pour dominer les autres jeunes. L'affrontement collectif permet de se valoriser, et constitue en cela un espace d'épanouissement, de protection et de cohésion.

De quoi la bande les protège-t-elle ?

Appartenir à une bande permet de se protéger des micro-agressions quotidiennes. Même si leurs parents leur ont appris à se tenir « en dehors des embrouilles » (comme Noam, le copain de Véli, scolarisé dans un lycée général hors de sa commune), ou même s'ils n'ont pas d'appétence pour cette socialisation, les jeunes garçons sont sommés de se comporter comme des « durs » et de riposter aux petites agressions quotidiennes (coups, vexations, etc.) qui alimentent l'engrenage de la violence.

Plus largement, la bande est aussi une manière de se protéger de l'agression du monde, et de la police.

« L'embrouille est possible car il existe une culture de l'embrouille », dites-vous. Pouvez-vous expliquer comment se transmet cette culture ?

Les jeunes sont entraînés très tôt à encaisser les coups : en famille, en cas de châtiments corporels, et entre copains par le biais du jeu et de la bagarre. Très tôt les enfants, surtout les garçons, sont pris dans une socialisation viriliste et une éthique de la riposte, qui conditionnent l'accès à une forme de respectabilité.

Cette culture passe aussi par l'apprentissage de la langue de l'embrouille : se « faire mêler », c'est se faire frapper par un groupe ; « se casser sa tête », c'est se faire casser son duel ou son « 1V1 » (un contre un). Ces formules imagées disent beaucoup du code l'honneur au cœur de l'embrouille.

Enfin, les grands enseignent aux plus jeunes l'histoire des embrouilles du quartier – les faits d'armes, les héros, etc. – et sa géographie. Très tôt, les jeunes apprennent à connaître les frontières de leur territoire : la zone de sécurité, « chez nous » ; la zone de danger, « chez eux » ; et entre les deux, une zone de cohabitation, où mieux vaut être outillé ou en groupe pour éviter les problèmes. Dans l'enquête qui suit la mort de Véli, les policiers trouvent une dizaine de couteaux dans les bosquets autour du lycée. Les jeunes leur expliquent qu'ils laissent toujours une arme au cas où ils croiseraient des membres du quartier adverse et seraient pris à partie.

Les embrouilles répondent-elles aux mêmes schémas quel que soit le quartier ?

Chaque territoire a son histoire et son économie morale. Certains quartiers sont marqués par ce que le sociologue David Lepoutre appelle le « nationalisme de cage d'escalier ». C'est indispensable à la naissance de l'embrouille. Il ne suffit pas d'être attaché à son quartier, il faut un rapport quasi héraldique ou guerrier au territoire. Il n'existe pas partout. Marseille, régulièrement endeuillée par des règlements de comptes liés au commerce de la drogue échappe en revanche aux rivalités de quartiers. Peut-être parce que l'identité marseillaise est tellement forte qu'elle transcende les particularismes locaux. Un jeune rencontré lors d'une enquête de terrain m'avait confié se sentir « plus marseillais que français ».

Quel rôle jouent les réseaux sociaux dans ces embrouilles ?

Les réseaux sociaux sont le lieu où naissent et s'organisent les embrouilles. Le mauvais regard d'hier, c'est un mauvais commentaire aujourd'hui. Dans les années 1980-1990, pour organiser la riposte, il fallait rentrer chez soi, puis chercher ses copains. Ce qui laissait le temps aux adultes de réagir. Aujourd'hui, la riposte s'organise en temps réel, par smartphones interposés. Deux jeunes qui se battent, s'éloignent à 100 mètres, envoient un message avec un point de géolocalisation à leurs copains, qui rappliquent. Et les adultes découvrent les bagarres une fois qu'elles ont eu lieu… En cela, les réseaux contribuent à l'extension de l'espace et à l'accélération du rythme de l'embrouille. Dans les minutes qui ont suivi la mort de Véli, l'évènement a été relayé et commenté sur Snapchat, qui peut être considéré dans cette affaire comme l'agence de presse et le thermomètre des embrouilles.

On entend souvent dire que les violences entre jeunes ont augmenté ces dernières années. Est-ce exact ?

En lisant la presse quotidienne régionale, on se rend compte que la violence entre quartiers va et vient. On a connu dans les années 1980-1990 des périodes beaucoup plus violentes qu'aujourd'hui. Et les armes à feu étaient plus nombreuses dans les années 1990… Avec l'augmentation de la vidéosurveillance et de la présence des agents de sécurité dans les villes, les bandes ont perdu beaucoup de marge de manœuvre. À Paris celles qui se partageaient le Forum des Halles, les grandes gares et la Défense ont totalement disparu. Aujourd'hui, les embrouilles ont d'abord lieu autour des quartiers ou des établissements scolaires.

Dans votre livre, vous pointez également l'incapacité des politiques publiques à endiguer ces violences. Pourquoi ?

On assiste depuis l'annonce du plan « anti-bandes » par Nicolas Sarkozy en 2009 à un durcissement de la gestion politique de ces conflits, avec d'une part, un discours de fermeté qui racialise de plus en plus les bandes et des rivalités ; et d'autre part, la possibilité de criminaliser les délits de manière préventive, et un durcissement de la réponse pénale. Dans le même temps, la police de proximité a disparu et le maillage de l'intervention sociale et de l'éducation populaire s'est fragilisé... Cette approche punitive a contribué à faire monter le sentiment d'insécurité chez tous les Français, sans désamorcer ces conflits qui ont des conséquences sur la santé mentale et physique de ces jeunes et sur leur trajectoire scolaire. Certains ont peur d'aller au lycée, d'autres préfèrent revoir leur choix d'orientation pour peu que leur établissement scolaire se trouve du mauvais côté de la « frontière ».

Ces rivalités empoisonnent la vie des familles et de l'ensemble des acteurs du territoire. À commencer par les transporteurs publics, responsables du tracé et de la sécurité des bus et des métros.

Pendant longtemps, certaines collectivités ont eu un peu tendance à regarder ailleurs avec une forme de fatalisme, en se disant que de toute manière cette violence avait toujours existé. Mais depuis quelques années, on observe un vrai changement dans certains territoires qui prennent le problème à bras le corps.

Comment mettre fin à ces rivalités ?

Cela implique la construction de partenariats entre acteurs à l'échelle de bassins de rivalités (deux ou trois communes), par-delà les clivages politiques. Et une implication de tous les acteurs dans la durée. Ce qui marche, c'est la prévention, à travers des acteurs ancrés sur le terrain. Parfois les ressources légitimes sont les quatre entraîneurs de foot et de gym, parfois c'est la prévention spécialisée ou les services municipaux. C'est très variable selon les quartiers.

Par exemple, le travail de médiation mené entre les quartiers du Bois-l'Abbé à Champigny-sur-Marne et des Hautes-Noues à Villiers-sur-Marne a porté ses fruits. Un collectif interquartiers composé d'habitants et d'associatifs a réussi, en 2017, à convaincre les jeunes de se rencontrer autour d'activités. Ils ont appris à se connaître et le mur est tombé. Aujourd'hui, le climat est apaisé, certains sont même devenus amis, mais tout cela reste fragile. Des services de prévention et des associations restent les meilleurs antidotes contre les dérives de la culture de l'embrouille.

Propos recueillis par Cécile Peltier

Hélène Frouard

Les habits neufs du terrorisme

Des attentats du 11 septembre 2001 à l'assassinat en octobre 2020 d'un professeur d'histoire, Samuel Paty, à Conflans-Sainte-Honorine, le terrorisme fait désormais périodiquement la une de l'actualité. En France, il s'est introduit dans nos vies quotidiennes, au point que la présence de l'armée dans les rues ne nous surprend plus. La peur d'une guerre nucléaire entre l'Est et l'Ouest aurait-elle laissé place à la menace sourde et tenace du terrorisme islamiste ? Dans un article sur « Le terrorisme comme objet géographique », publié en 2019 par les Annales de géographie, le géographe Daniel Dory constate effectivement depuis le 11 septembre « une focalisation des problématiques, d'abord sur le "phénomène Al-Qaïda", puis plus amplement sur les manifestations terroristes de ce que l'on peut désigner par commodité comme l'islamisme jihadiste ». Mais il met en garde contre « une sorte de perte de la mémoire historique de la réalité du terrorisme, au profit d'un présentisme "jihadiste" qui fait obstacle à la claire formulation du noyau scientifique du problème ».

Revenir à la définition du terrorisme permet en effet de mieux contextualiser le phénomène. Selon la définition du Global Terrorism Database (base de données de référence pour les chercheurs), le terrorisme est un acte perpétré par un acteur non étatique et consistant à utiliser (ou menacer d'utiliser) l'usage illégal de la force et de la violence pour atteindre par la peur, la coercition ou l'intimidation un objectif politique, économique, religieux ou social. En reprenant cette définition, force est de constater l'ancienneté du phénomène, qu'on pense à la spectaculaire prise d'otages de l'Opep en 1975, à l'attentat contre la gare de Bologne en 1980 ou encore aux multiples attaques menées par l'Ira en Irlande, l'OAS en France ou la Fraction armée rouge en Allemagne. Le terrorisme était déjà monnaie courante avant 1990.

Une nouvelle géographie

En revanche il a connu d'importantes évolutions. D'abord, contrairement à l'expression courante, le terrorisme n'est pas aveugle : il ne frappe pas n'importe où et n'importe quand, comme le montre la comparaison entre les décennies 1970-1980 et 1990-2000, réalisée par Sofia Kluch et Alan Vaux dans *Studies in Conflict & Terrorism* (2016). Très fort dans la première période en Amérique centrale et latine, le terrorisme a ensuite quasiment disparu de cette région. En Europe, il est resté présent de façon continue mais avec un taux de mortalité modéré comparé à d'autres régions. Il s'est en revanche largement développé en Asie du Sud et en Afrique subsaharienne. Enfin, le Moyen-Orient et l'Afrique du Nord ont la triste particularité d'avoir subi durant ces deux périodes des niveaux élevés de terrorisme. Deux chiffres résument cette bascule. En 1985, 57 % des attaques terroristes avaient touché l'Amérique centrale et latine. En 2013, 55 % des attaques avaient frappé l'Irak, le Pakistan et l'Afghanistan.

Ce basculement correspond à une évolution des motifs des attentats. Dans une étude publiée en 2020 par le *Journal of Conflict Resolution*, trois chercheurs (Dongfang Hou, Khusrav Gailbulloev et Todd Sandler) ont comparé les groupes terroristes créés entre 1970 et 2006, et ceux créés entre 2007 et 2016. Ils observent une baisse des groupes d'extrême gauche et une montée nette des groupes religieux fondamentalistes. Voilà qui correspond aux quatre phases de l'histoire du terrorisme proposées en 2002 par le politiste états-unien David Rapoport dans la revue *Anthropoetics* : au terrorisme anarchiste des années 1880-1920 succède une vague anticoloniale qui dure jusqu'aux années 1960. Naît alors un terrorisme de gauche qui disparaît quasiment dans les années 1990. La dernière vague, née à partir des années 1970, est celle du terrorisme lié à l'extrémisme religieux.

L'importance du terrorisme islamique

Cet extrémisme religieux contemporain est varié. Parmi les auteurs d'attentats, on trouve aussi bien un Juif religieux (massacre au tombeau des Patriarches à Hébron en 1994), une secte d'inspiration bouddhiste, Aum Shinrikyô (attaque du métro de Tokyo au gaz sarin en 1995) ou encore des fondamentalistes chrétiens – dont le politiste Arie Perliger rappelle l'importance aux États-Unis (« Challengers from the sidelines, understanding America's violent far-right », 2012). L'Institute for Economics and

Peace pointe aussi du doigt la montée du terrorisme d'extrême droite. Certes sans commune mesure avec la décennie 1970-1980, il connaît toutefois une remontée préoccupante avec, depuis les années 1990, trois attentats d'extrême droite ayant provoqué plus de cinquante morts (Oklahoma City en 1995, Oslo en 2011, Christchurch en 2019). Toutefois, l'islamisme radical est sans conteste le triste gagnant du palmarès du terrorisme contemporain. En 2018, selon le *Global Terrorism Index*, les quatre groupes responsables du plus grand nombre de morts étaient les talibans, l'État islamique du Khorassan (ISKP), Daesh et Boko Haram.

Cette bascule jihadiste remonterait à 1979, lorsque l'ayatollah Khomeiny prend le pouvoir en Iran et que démarre l'invasion de l'Afghanistan. Selon Gilles Kepel, le *jihad* afghan a en effet « une importance cardinale dans l'évolution de la mouvance islamiste dans le monde » (*Jihad. Expansion et déclin de l'islamisme*, 2000). C'est dans le contexte du combat antisoviétique qu'Oussama Ben Laden crée Al-Qaïda au Pakistan en 1988. Selon une étude récente du Cevipof sur « Les attentats islamistes dans le monde, 1979-2019 », la hausse du nombre d'attentats islamistes dans le monde se fait ainsi particulièrement sentir une fois les troupes soviétiques parties de Kaboul en 1989. Les combattants islamistes quittent alors le sol afghan pour lancer de nouveaux combats. On les trouve par exemple en Algérie lors de la « décennie noire » (1991-2002), qui suit l'annulation de la victoire électorale du Front islamique du salut. Si les motifs religieux étaient déjà présents dans les décennies précédentes, le but premier des nouveaux mouvements n'est plus seulement de construire des états indépendants mais de bâtir de nouvelles sociétés placées sous le signe de Dieu.

Ce terrorisme a aussi changé de forme. Certes, les attaques au couteau nous terrifient. Mais rappelons-nous que les générations précédentes ont vécu dans la crainte des kidnappings ou des détournements d'avion – une centaine de cas dans les années 1970. En revanche, la violence actuelle semble plus grande. L'Ira par exemple a fait beaucoup d'attentats mais un nombre modéré de victimes. Autre évolution majeure, l'usage d'Internet, qui facilite l'organisation et la coordination des actions terroristes et leur offre une diffusion médiatique sans précédent, renforcée par les chaînes d'info en continu. Alors qu'il faut attendre le 7 octobre 2001 pour avoir une cassette vidéo de Ben Laden, l'assassinat du professeur Samuel Paty le 16 octobre 2020 est revendiqué par le terroriste sur Twitter dans la foulée de son acte.

Et demain ?

Arriverait-on aujourd'hui à un palier? Selon l'édition 2020 du *Global Peace Index*, le nombre de morts dus au terrorisme, qui était d'un peu plus de 30000 en 2014, est redescendu en 2019 à son niveau de 2008 (environ 8000), probablement en raison des défaites de Daesh et de la lutte contre Boko Haram. Mais dans le même temps, la menace terroriste touche un nombre croissant de pays. Le rapport de 2008 avait recensé 48 pays n'ayant connu aucun acte terroriste au cours des cinq années précédentes. Le rapport de 2020 n'en compte plus que trente.

Ce texte a paru pour la première fois en janvier 2021.

Quatrième partie

Les violences ordinaires

- Qu'est-ce que la violence psychologique ?
  Yvane Wiart
- Violences et harcèlements au travail
  Véronique Bedin
- La réflexivité comme rempart à la violence ordinaire
  Gilles Herreros
- Chronique de la maltraitance médicale ordinaire
  Héloïse Junier

Yvane Wiart

Qu'est-ce que la violence psychologique ?

« L'adulte maltraitant est un enfant maltraité qui a grandi[1]. » C'est ainsi que le psychiatre et psychanalyste John Bowlby (1907-1990), père de la science de l'attachement, résume sa position sur l'agressivité adulte, dans une conférence de 1976 sur les liens affectifs. Rejoignant là Karen Horney (1885-1952), psychanalyste américaine à qui il rend hommage en 1983 dans une autre conférence sur la violence dans la famille, il ne conçoit pas l'humain comme fondamentalement violent ou objet de pulsions agressives innées difficiles à combattre. Au contraire, pour eux, la violence d'un adulte est conditionnée par ce qu'il a subi dans son enfance et son adolescence, violence physique, mais aussi et surtout violence psychologique. Ce constat vaut également pour la victime, qui s'est vue infliger le même type de traitement et qui a appris à l'accepter comme normal, la rendant incapable ensuite de se protéger, de se défendre ou de fuir.

L'intérêt pour la violence agie ou subie, sa prévention et sa prise en charge, n'est donc pas aussi récent qu'on le pense parfois puisque, dès les années 1950, elle a mobilisé l'attention des Anglo-Saxons. La violence physique ne pose guère de problèmes de définition. La violence psychologique, elle, est plus difficile à repérer. Elle ne laisse pas de trace et se joue dans le huis clos des familles, pas nécessairement défavorisées, comme il est souvent confortable de le croire.

1- J. Bowlby, *Amour et rupture : les destins du lien affectif*, Albin Michel, 2014 (2021). Voir aussi *Amour et violence : La vie relationnelle en famille*, Albin Michel, 2022. Le premier, dont sont extraites les citations, a été édité en poche en 2021 et le second parle de manière encore plus détaillée de la violence et de ses conséquences, comme son titre l'indique.

1983, première conférence internationale

C'est pour résoudre ce problème et passer des études de cas à des recherches à grande échelle que s'est tenue en 1983 aux États-Unis la première conférence internationale sur la violence psychologique sur les enfants, point d'accès privilégié pour la protection des plus jeunes et pour la prévention des conséquences chez les adultes. Les mauvais traitements psychologiques y ont été définis comme des comportements ou des propos faisant comprendre à l'enfant qu'il ne vaut rien, qu'il n'est pas normal, qu'il n'est pas aimé, qu'on ne veut pas de lui, qu'il est en danger ou que sa seule valeur réside dans la satisfaction par lui des désirs des autres. Cette violence s'exerce par commission ou par omission. D'un côté, on fait à l'enfant quelque chose qui n'est pas bon pour lui, on le critique, on le dévalorise, on l'humilie. De l'autre, on s'abstient de faire ce qui est bon pour lui, c'est-à-dire lui apporter le soutien et l'attention dont il a besoin, y compris dans la pose de limites, indispensables à un développement équilibré[2].

Cette définition reprend les types d'expérience repérés par Bowlby dans le passé de ses patients qui le consultaient pour anxiété. Il cite plus précisément : l'absence de réaction quasi systématique aux recherches d'attention de l'enfant et/ou le dénigrement et le rejet de celles-ci ; les absences répétées et/ou prolongées conduisant à un affaiblissement du lien (séjours à l'hôpital, voyages fréquents, etc.) ; les menaces de ne pas aimer l'enfant, utilisées comme moyens de pression pour le faire obéir ; celles de quitter le foyer, se suicider ou porter atteinte à la vie de l'autre parent ; la culpabilisation rendant l'enfant responsable de l'état psychologique de l'adulte, de sa maladie physique, voire de son décès ; l'inversion de rôles où le parent insiste pour que ce soit l'enfant qui prenne soin de lui, sous une forme ou sous une autre, avec une pression plus ou moins subtile. Et J. Bowlby en conclut : « Toutes les variantes de comportement parental décrites jusqu'ici risquent non seulement de susciter la colère de l'enfant envers ses parents, mais aussi d'en inhiber l'expression. Il en résulte beaucoup de ressentiment, en partie inconscient, qui persiste à l'âge adulte et qui s'exprime généralement à l'encontre de quelqu'un d'autre que les parents, une personne plus faible comme le conjoint ou un enfant par exemple[3]. »

2- S. Hart, N. Binggeli et M. Brassard, « Evidence for the effects of psychological maltreatment », *Journal of Emotional Abuse*, vol. I, n° 1, 1997.

3- J. Bowlby, *Amour et rupture : les destins du lien affectif*, Albin Michel, 2014.

La violence psychologique entre adultes peut quant à elle se définir comme une relation de pouvoir, la non-reconnaissance de l'autre en tant qu'égal, qui a droit à l'écoute et à la compréhension, même en cas de désaccord. Elle se fonde sur un problème de régulation émotionnelle, par excès ou par défaut, concernant la colère en particulier. Il ne faut alors pas confondre colère et agressivité. Contrairement à l'agressivité, la colère ne cherche pas à s'en prendre à la personne de l'autre, à la démolir ou à la mépriser.

Une définition reconnue de la violence psychologique sur enfant a permis l'émergence d'une foule de travaux scientifiques, régulièrement rapportés dans les éditions successives de *The Apsac Handbook on Child Maltreatment*[4], imposant guide de l'American Professional Society on the Abuse of Children (Apsac), dédiée à ces questions. On y apprend que la violence psychologique est à la base de toute violence à enfant, systématiquement associée aux autres formes d'abus, même si elle peut aussi être la seule infligée. Et c'est elle aussi qui se révèle la plus douloureuse, à l'origine de séquelles à moyen et long terme, avec un impact direct sur la santé physique, sachant que la pire situation est celle où l'enfant subit à la fois des agressions verbales et un retrait affectif.

Des conséquences multiples

Les conséquences de cette violence peuvent se classer en cinq catégories selon l'Apsac : les difficultés intrapsychiques, les symptômes émotionnels, les problèmes de compétence sociale, d'apprentissage et de santé, souvent repérables dès l'enfance ou l'adolescence, mais parfois uniquement à l'âge adulte. Les difficultés intrapsychiques concernent les angoisses, l'anxiété, la dépression, un défaut d'estime de soi, une vision négative du monde et des idées suicidaires. Les symptômes émotionnels se rapportent à l'instabilité émotionnelle, l'irritabilité, l'impulsivité ou au contraire l'absence de réaction, l'apathie, les conduites de dépendance à la drogue et les troubles de l'alimentation. Au niveau des compétences sociales, on trouve des soucis relationnels récurrents, en couple par exemple, des comportements d'isolement, ou au contraire une certaine promiscuité sexuelle, une dépendance à autrui. On observe aussi un manque d'empathie, une rébellion systématique, des comportements agressifs et violents pouvant aboutir à la délinquance et à la criminalité. L'impact sur les apprentissages conduit à l'absence de respect des règles, à

4- *The APSAC Handbook on Child Maltreatment*, 4e éd., Sage Publications, 2017.

des difficultés de concentration et d'attention pesant sur les performances intellectuelles, et un raisonnement moral déficient.

Quand l'entourage est source de peur et de colère

Quant à la santé physique, une association a été établie entre violence psychologique et difficultés respiratoires, allergies, asthme, hypertension et toutes les affections liées à un stress physiologique chronique, dont le cancer. Ces conclusions se fondent entre autres sur les travaux de Vincent Felitti sur les Adverse Childhood Experiences, lancés en 1995-1996, réitérés entre 2010 et 2014 aux États-Unis et dupliqués dans le monde entier. Spécialiste de l'obésité à San Diego dans les années 1980, V. Felitti observe que des cures d'amaigrissement plutôt efficaces sont brusquement interrompues par les patients, sans raison apparente. Menant l'enquête, il découvre que beaucoup ont subi des violences dans leur enfance, surtout des abus sexuels au départ. Il a alors l'idée de lancer une étude élargie à d'autres pathologies et d'autres types de violences.

Les résultats montrent que sur plus de 17000 Américain(e)s d'environ cinquante ans, plutôt favorisé(e)s, 64 % affirment avoir vécu, avant 18 ans, au moins une des expériences suivantes : des violences psychologiques, physiques ou sexuelles, la pathologie mentale d'un parent, son addiction, son emprisonnement, des violences conjugales ou la séparation de leurs parents[5].

Outre le nombre impressionnant de personnes « favorisées » admettant avoir subi des violences dans leurs jeunes années, cette recherche révèle que plus quelqu'un a subi d'expériences négatives, plus il est « susceptible d'avoir une crise cardiaque, un cancer, une congestion cérébrale, du diabète, des fractures osseuses, des problèmes hépatiques et une mauvaise santé à l'âge adulte », comme le rapporte l'OMS dans son guide 2006 sur la prévention de la maltraitance à enfant[6]. On peut brièvement expliquer ces conséquences par une gestion particulière du stress dans l'enfance et l'adolescence, où l'entourage est source de peur et de colère, qui souvent ne peuvent s'exprimer et ne sont pas régulées par un adulte compréhensif. Il s'ensuit une méfiance envers autrui ou au contraire une trop grande confiance envers des personnes

5- V. Felitti *et al.*, « Relationship of childhood abuse and household dysfunction to many of the leading causes of death in adults. The Adverse Childhood Experiences (ACE) study », *American Journal of Preventive Medicine*, vol. XIV, n° 4, mai 1998.

6- OMS, *Guide sur la prévention de la maltraitance des enfants : intervenir et produire des données*, 2006.

négatives, qui maintiennent l'organisme dans un état de stress physiologique chronique, faisant le lit des pathologies des systèmes cardio-vasculaire, immunitaire et endocrinien.

La violence psychologique ne doit donc pas être prise à la légère. Il est important de prendre conscience si l'on en est victime, actuelle ou passée, pour pouvoir réagir.

Les catégories d'agressions verbales

Chantage
User de menaces ou d'énoncés conditionnels pour faire céder l'autre, le manipuler :
« Si tu fais ça, alors je vais faire ça... » ;
« Tu peux bien faire ça pour moi, pour me faire plaisir... »

Dévalorisation
Rendre insignifiantes les idées, les réalisations de l'autre :
« C'est pas très original tout ça ! » ;
« Je ferais bien mieux à ta place ! »

Sape
Chercher à amoindrir l'intérêt, l'enthousiasme d'autrui :
« Comment tu peux t'intéresser à un truc pareil ! »
« Te réjouis pas trop, la chute n'en sera que plus dure ! »

Contradiction
Contredire systématiquement, ne pas accepter que l'autre ait une opinion, une expérience ou un ressenti différent. Imposer sa vision des choses, sans discussion possible.

Jugements et critiques
Refuser d'accepter la réalité de l'autre, en se retranchant derrière des expressions critiques toutes faites ou non, énoncées parfois sur le ton du conseil bien intentionné :
« T'as pas écouté comme d'habitude et tu t'étonnes de pas comprendre ! »
« Oh, tu sais, c'est pour ton bien que je dis ça... »

Accusations et reproches
Rejeter systématiquement la responsabilité de la situation :
« C'est de ta faute si on en est là, tu l'as bien cherché ! »
« T'es jamais content(e), faut toujours que tu crées des problèmes. »

Blocage et diversion
Empêcher l'autre d'obtenir des informations, en stoppant la conversation ou en changeant de sujet :
« Ça sert à rien de discuter, le sujet est clos ! »
« Je ne vois pas où est le problème (puis change de sujet). »

Oubli
Oublier systématiquement des événements importants pour l'autre, promesses ou conversations engageantes :
« Ah, j'ai dit ça moi ? Désolé, je ne m'en souviens pas ! »

« Oh, j'ai promis, j'ai promis, c'est facile de dire que j'ai promis ! »

Retenue
Garder pour soi ses pensées, ses émotions, ses envies, rester silencieux et distant. Refus du dialogue :
« Que veux-tu que j'en pense ! J'ai pas d'opinion sur la question ! »
« Je ne vois pas l'intérêt d'en parler ! »

Fausse plaisanterie
Attaquer sous couvert de plaisanterie, faire rire aux dépens de l'autre. Peut être utilisée, dans un second temps, pour faire passer une autre agression pour une blague et de l'humour, tout comme les catégories suivantes, déclenchées lorsque la victime se plaint d'avoir été attaquée :
« T'as pas le sens de l'humour »
« On ne peut vraiment rien te dire ! »

Silence
Absence de réaction, de reconnaissance que les propos tenus pouvaient être blessants, haussement d'épaules, soupir entendu, etc.

Discrédit
Minimiser l'agression :
« C'est pas si grave que ça ! »
« Tu ne vas pas en faire un drame ! »

Déni
Nier tout en bloc :
« J'ai jamais dit ça ! »
« Tu racontes n'importe quoi, c'est toujours comme ça avec toi ! »

À retenir

Un agresseur ne s'excuse jamais, contrairement à la personne involontairement blessante. Il cherche plutôt à en rajouter pour avoir le dessus…

Véronique Bedin

Violences et harcèlements au travail

Les violences au travail sont multiples et le récent intérêt porté au harcèlement sous ses différentes formes ne doit pas faire oublier les autres voies que celles-ci peuvent prendre : violence symbolique, violence due à l'environnement et aux conditions de travail, agressions physiques sur le lieu de travail, etc. Selon la définition adoptée par la Commission européenne dans les années 1990, la notion de violence au travail recouvre : « tout événement au cours duquel des personnes sont victimes de comportements abusifs, de menaces ou d'attaques dans des circonstances liées à leur travail et impliquant un risque explicite ou implicite pour leur sécurité, leur bien-être et leur santé ».

Devant la prévalence du phénomène, on assiste depuis une vingtaine d'années en France à une multiplication des enquêtes sur ces violences et les risques psychosociaux qui en découlent[1]. Leurs résultats convergent avec ceux de première étude au niveau mondial dévoilée tout récemment par l'Organisation internationale du travail (OIT[2]) : « Plus d'une personne sur cinq (soit près de 23 %) des personnes ayant un emploi ont déclaré avoir subi de la violence ou du harcèlement au travail, que ce soit d'ordre physique, psychologique ou sexuel. 31,8 % des victimes ont déclaré avoir été soumises à plus d'une forme de violence et de harcèlement. » Précisons que 6,3 % des victimes ont été confrontées aux trois formes de violences au cours de leur vie professionnelle.

1- Citons les enquêtes transversales SUMER (Surveillance médicale des expositions aux risques professionnels) réalisées par les médecins du travail et coordonnées par la DARES (Direction de l'animation de la recherche, des études et des statistiques) et la DGT (Direction générale du travail), disponibles sur le site www.travail.gouv.fr/rubrique statistiques ; celles de l'Observatoire du Bien-être, notamment la note n° 2020-03 : Étendue et perception de la violence au travail. Sans oublier les enquêtes réalisées par secteurs : santé, éducation, etc. Voir notamment l'enquête SAMOTRACE, résultats intermédiaires sur les risques psychosociaux au travail, 2006 à 2007, sur 3000 personnes, étude publiée par l'INVS en mai 2007 (www.invs.sante.fr).

2- Étude réalisée par l'Organisation internationale du travail, la Lloyd Foundation et Gallup (2021).

Les violences physiques

La loi désigne par violences physiques les coups et les blessures portant atteinte à l'intégrité physique d'une personne. Ce type de violence est plutôt rare entre collègues. En règle générale, il s'agit de violences dites « externes » car perpétrées par des personnes extérieures (salariés agressés par des clients, personnels de santé visés par des patients...).

L'enquête de l'OIT citée plus haut montre que les hommes signalent davantage être agressés physiquement que les femmes. L'actualité récente a montré que les secteurs de la santé et de l'éducation sont particulièrement exposés. La crise du Covid a notamment mis en lumière l'augmentation de la violence et du harcèlement dans certains secteurs et professions : ainsi 70 % des associations infirmières ont rapporté des incidents de violence ou de discrimination contre les soignants provoqués par la crise[3].

Le harcèlement moral

Selon le Code du travail : « Aucun salarié ne doit subir les agissements répétés de harcèlement moral qui ont pour objet ou pour effet une dégradation de ses conditions de travail susceptible de porter atteinte à ses droits et à sa dignité, d'altérer sa santé physique ou mentale ou de compromettre son avenir professionnel » (art. 1152-1[4]).

En France, le thème du harcèlement moral a pris une importance considérable depuis la parution des livres de Marie-France Hirigoyen, puis le vote de la loi de 2002 sur la modernisation sociale qui a introduit un chapitre sur le harcèlement moral au travail[5].

Le harcèlement au travail recouvre plusieurs facettes : les pratiques d'intimidation, de dévalorisation ou de dénigrement répétées et systématiques d'une personne par un collègue ou un supérieur. La victime voit son travail et ses décisions systématiquement critiqués et dénigrés, des informations ne lui sont pas transmises, elle est mise à l'écart, méprisée voire insultée. Cela peut aller jusqu'aux menaces et parfois déboucher sur des violences physiques.

3- https://www.infirmiers.com/auteur/audrey-parvais?page=4

4- Voir sur l'évolution de ces définitions : « Harcèlement et violence au travail, patronat et syndicats enfin d'accord », *Social pratique*, n° 546, 10 mai 2010.

5- M.-F. Hirigoyen, *Le Harcèlement moral. La violence perverse au quotidien*, Syros, 1998, et *Malaise dans le travail. Harcèlement moral : démêler le vrai du faux*, 2001, rééd. La Découverte, 2004.

En 2022, Ipsos a précisé l'ampleur et la nature du phénomène dans son baromètre du harcèlement au travail[6] : 35 % des salariés déclarent avoir déjà été victimes de harcèlement au travail (15 % à plusieurs reprises). Certaines catégories d'actifs sont particulièrement touchées, notamment les moins de 35 ans (43 %), les salariés de petites entreprises (38 % des salariés d'entreprises de moins de 20 salariés contre 31 % des salariés d'entreprises de 200 salariés et plus) et les femmes (38 %), même si les hommes sont loin d'être épargnés (31 %).

De nombreux auteurs ont cherché à mettre en lumière les conditions qui favorisent le harcèlement au travail : la course à la productivité en est une, mais aussi les mauvaises pratiques de gestion (manque de clarification dans les postes) et de management, le statut des personnes – le statut précaire (qui favorise le harcèlement) ou, à l'inverse, la grande stabilité des postes (qui empêche le licenciement et pousse au harcèlement).

Enfin, les différentes études constatent que parler de ces violences au travail reste difficile. Seulement 54,4 % s'en sont ouvertes à quelqu'un (baromètre Ipsos), et le plus souvent, après avoir subi plus d'une forme de violence et de harcèlement. Parmi les obstacles qui peuvent dissuader les victimes de signaler les actes de violence et de harcèlement au travail : le manque d'information sur le sujet, le sentiment de perdre son temps et les craintes pour sa réputation.

Si le harcèlement moral au travail représente bien une réalité inquiétante, toutes les personnes qui se déclarent harcelées ne le sont pas forcément ; il importe donc, comme le note M.-F. Hirigoyen, de « démêler le vrai du faux ». Ce qui n'est pas toujours évident et fait l'objet de nombreux débats autour de la nature même et de l'évaluation du phénomène.

Le harcèlement sexuel

Le harcèlement sexuel constitue un délit puni par la loi. Selon la version du Code pénal en vigueur depuis août 2018 :

I. – Le harcèlement sexuel est le fait d'imposer à une personne, de façon répétée, des propos ou comportements à connotation sexuelle ou sexiste qui soit portent atteinte à sa dignité en raison de leur caractère dégradant ou humiliant, soit créent à son encontre une situation intimidante, hostile ou offensante.

6- https://www.qualisocial.com/le-barometre-du-harcelement-au-travail-qualisocial-x-ipsos-2022/

II. – Est assimilé au harcèlement sexuel le fait, même non répété, d'user de toute forme de pression grave dans le but réel ou apparent d'obtenir un acte de nature sexuelle, que celui-ci soit recherché au profit de l'auteur des faits ou au profit d'un tiers.

Il peut prendre des formes diverses : chantage à l'embauche ou à la promotion, menaces de représailles en cas de refus de céder à des avances sexuelles, propos dégradants… Si l'auteur impose un contact physique à caractère sexuel, il peut s'agir d'une agression sexuelle, acte passible de sanctions pénales et plus sévèrement puni que le harcèlement sexuel. Le harcèlement sexuel a des conséquences sur l'emploi, la carrière, les conditions de travail et la santé du salarié.

L'enquête de l'OIT révèle qu'une personne en emploi sur quinze a été victime de violence et de harcèlement d'ordre sexuel au travail au cours de sa vie professionnelle. Les femmes y sont particulièrement exposées (8,2 % de femmes, contre 5 % d'hommes).

Gilles Herreros

La réflexivité comme rempart à la violence ordinaire

Si le bonheur au travail peut se rencontrer, c'est plus souvent la violence ordinaire que je croise lors de mes interventions au sein des organisations. Elle n'est que rarement la conséquence de desseins de harceleurs pervers (même s'ils peuvent aussi exister) et résulte plutôt des petites lâchetés quotidiennes et d'une cécité assez partagée. Elle se dépose dans les rabrouements infligés par de petits chefs à leurs « subordonnés », dans la collusion de collègues de travail stigmatisant tel ou tel d'entre eux (surtout s'il est différent et dépourvu de ressources organisationnelles), dans le « coup tordu » qu'untel fera subir à son *alter ego* d'atelier, de bureau, dans une vexation qui laissera une meurtrissure et, bien sûr, dans ce que vous (lecteur) ou moi (auteur de ce texte) infligeons aux autres, quand nous faisons ce que nous faisons sans interroger les effets de notre action. Cette violence ordinaire est la négation et/ou l'oubli de l'autre. Ni ostentatoire ni démonstrative, elle n'en est pas moins corrosive. Elle n'engendre pas nécessairement une souffrance constatable médicalement et mesurable à coups d'indicateurs (absentéisme, *turnover*, arrêts maladie...), elle n'est pas résumée par la notion de risques psychosociaux (RPS) dont le caractère passe-partout finit par poser plus de problèmes qu'il n'en résout[1], et je ne l'assimile pas non plus au traumatisme engendré par un licenciement, une fermeture d'entreprise, et le cortège des misères qui sont associées. La violence dont je parle est beaucoup plus banale. Quasiment invisible, elle se fond dans le quotidien au point de passer pour une simple et habituelle règle du jeu ; elle peut ainsi se perpétuer sans difficulté. Bien sûr, cette violence a partie liée avec un système global, mais, pour exister, un système ne peut se passer de la contribution, consciente ou non, des acteurs qui s'y déploient. Aussi interroger leurs pratiques et leurs éventuels

1- Y. Clot, *Le Travail à cœur. Pour en finir avec les risques psychosociaux*, La Découverte, 2010.

effets non désirés peut contribuer à la transformation dudit système. En appui sur quelques exemples tirés du milieu hospitalier, je suggère ici l'adoption de postures réflexives susceptibles de visibiliser les violences du quotidien pour tenter de les endiguer.

Le système et ses relais

Nombre d'analystes du social et/ou spécialistes des organisations nous livrent de très justes commentaires sur ce que le virage néo-libéral des années quatre-vingt provoque au sein des mondes du travail. *Le Nouvel Esprit du capitalisme*[2], en poussant l'idée de performance toujours plus loin, en installant comme indiscutable l'idéologie de la réussite, de la compétition, de l'innovation, en invitant chacun à améliorer son « savoir être », engendre la fatigue « d'être soi[3] ». La maladie de la gestion[4] dont nos sociétés sont atteintes, avec ses corollaires que sont l'évaluation et la mesure de toute chose, impose aux gestionnaires un imaginaire réduit, un « système managinaire[5] » qui finit par les rendre sourds et aveugles (voire consentants) aux pathologies qu'engendrent les organisations « efficientes[6] ». Avec un bric-à-brac de dispositifs de contrôle (les normes et référentiels qualité, le calcul permanent des flux de production au moyen d'algorithmes informatiques), à force de rationalisations à tous crins (formule élégante pour désigner les économies d'échelle, les coupes budgétaires, les fermetures d'entreprises, les licenciements...), le bon sens a été largement enseveli et le système qui en a résulté est devenu tranquillement dévastateur. Tous domaines confondus, l'activité des professionnels s'est trouvée percutée avec une telle force que certains auteurs ont parlé de « mise à mort du travail[7] ». Bien que je fasse mienne cette lecture, je me garde toutefois des conclusions sur lesquelles elle peut déboucher. En effet, par un renversement pour le moins paradoxal, référer la violence au poids des systèmes ou

2- L. Boltanski et E. Chiapello, *Le Nouvel Esprit du capitalisme*, Gallimard, 1999.

3- A. Ehrenberg, *La Fatigue d'être soi. Dépression et société*, Odile Jacob, 1998.

4- V. de Gaulejac, *La Société malade de la gestion. Idéologie gestionnaire, pouvoir managérial et harcèlement social*, Le Seuil, 2005.

5- N. Aubert, V.de Gaulejac, *Le coût de l'excellence*, Le Seuil, 1991.

6- Les mathématiques donnent de cette notion une signification on ne peut plus claire en la renvoyant à l'idée de proportionnalité. Un investissement amoindri (par exemple de 50 %) provoquant une diminution de rendement dans des proportions inférieures au montant désinvesti (par exemple moins 30%), correspond à une nette amélioration de l'efficience... Ainsi soustraire, diminuer, amputer, détruire... peut participer de l'efficience managériale.

7- C. Dejours *in* J.R Viallet, *La mise à mort du travail*, Film documentaire en trois parties, 2009.

des structures peut inviter aux raisonnements fatalistes. Si « c'est la faute du système », sa puissance est telle qu'il ne reste que la résignation ! Bien sûr, « l'effet système » ne peut être nié, mais j'entends souligner que les situations violentes au sein des organisations sont toujours parfaitement incarnées. Elles s'expriment par des voix, des visages, des corps, et sont produites par des individus ou des collectifs... Ils sont « le système », ils le relaient et c'est aussi par eux qu'arrive la violence.

Des violences à l'hôpital

En ce lieu hospitalier hautement perturbé et rudoyé par le déséquilibre global du système de santé, la crise de la médecine de ville, le manque de moyens, la pénurie de personnels, l'encombrement des services d'urgence et leurs dérivés (les incivilités, les agressions verbales et physiques), d'autres violences, très dispensables, se croisent. Insidieuses, elles peuvent passer inaperçues alors qu'elles contribuent largement à éroder le moral des salariés. Rien d'extraordinaire dans les descriptions qui suivent, seulement la banalité d'un quotidien qui en toute tranquillité blesse, fustige, use.

Sous la plaisanterie le mépris[8]

Infirmière de bloc opératoire, Djamila vient d'intégrer une nouvelle équipe de soignants. Elle est ravie de découvrir une nouvelle spécialité chirurgicale. Lors de sa prise de poste, elle est présentée par le cadre de santé au chirurgien, chef du service. Jovial, il l'accueille chaleureusement, mais tout au long des interventions du jour, il ne parvient pas à prononcer son nom convenablement. Djamila se trouve ainsi prénommée Madjila, Djimala, Midjala... au point que le médecin finit par lui dire « Je vais vous appeler Conchita[9]... mais... vous préférez peut-être Louise ? Ce sera plus simple ! ». Content de sa trouvaille, qu'il prend pour un trait d'humour irrésistible, il est conforté par le comportement du cadre, qui rit devant tant d'imagination, et par le silence des acteurs du bloc. Pour le chef de service, Djamila se nomme désormais Louise. Probablement qu'avec cette dénomination, ce médecin ne dépose rien de consciemment hostile envers Djamila. Se voir reprocher

8- Je mets à ma main cette histoire empruntée à C. Quantin, Hôpitaux. *Les vents contraires du changement*, Lamarre, 2010.

9- Avec cette première désignation spontanée, se trouvaient mobilisées les connotations méprisantes et xénophobes que charrie l'imaginaire de la langue. « Conchita » désignait la bonne, la servante espagnole ou portugaise, dans tous les cas l'étrangère.

une forme quelconque de discrimination lui paraîtrait sans doute incongru et injuste. Peut-être même considère-t-il qu'il manifeste ainsi, envers elle, un désir de proximité, un élan de sympathie. Évidemment, cette infirmière niée jusque dans son nom ne trouve pas la plaisanterie à son goût ; mais elle se tait. Au fil des jours, dès que ce prénom lui est jeté au visage, elle a l'impression que les collègues présents se gaussent. À tort ou à raison, elle nourrit la conviction que tous se sont ligués pour ne lui confier que le « *dirty work* », c'est-à-dire « le sale boulot[10] ». À la fin de chaque journée, alors que ce « Louise ! » n'a cessé de retentir, elle est défaite et commence à ne plus dormir la nuit. C'est avec angoisse qu'elle se rend chaque jour sur son lieu de travail. La dépression guette. Un matin, n'y tenant plus et tandis que le médecin l'interpelle de nouveau par ce prénom qui n'est pas le sien, elle lui répond en le « débaptisant » à son tour, lui jetant au visage un retentissant et sonore « Salut Louis ! » Stupéfaction au bloc ! « Louis » chancelle, les soignants alentour restent muets pendant que le cadre rappelle à l'ordre Djamila qui, selon elle, a dépassé les bornes de la bienséance…

Quand une prime devient insultante

La direction et l'ensemble des cadres[11] s'interrogent : « Comment rendre attractif notre hôpital et conserver le personnel soignant ? » Situé dans une ville de taille moyenne du sud de la France, à proximité d'une métropole plus richement dotée, jouissant d'une image positive et disposant d'un CHU, cet établissement n'occupe pas une position favorable sur le bassin d'emploi. Après nombre de séances de travail, une grande décision est prise par les équipes de direction et l'encadrement : c'est grâce à « un management participatif » qu'il sera possible d'attirer des candidats et de les fidéliser. La grammaire qui nourrit ce raisonnement est typique des services de « ressources humaines » : si les professionnels sont stimulés pour s'engager fortement dans leur activité, l'établissement aura plus de chance de « se les attacher ! ». La direction décide donc de mettre en place une politique incitative reposant sur l'organisation d'un concours. Les différents services sont invités à prendre des initiatives, à imaginer des projets et, chaque année, l'équipe dont la proposition sera jugée la meilleure verra distribuer une prime de trois-cents euros à chacun

10- Hughes Everett C., « Les honnêtes gens et le sale boulot », *Travailler*, n°24-2, pp. 21-34, (1962) 2010.

11- J'ai rencontré cet établissement à partir d'une session de formation financée par l'ANFH.

de ses membres. Le concours sera renouvelé tous les ans, mais il est spécifié que la même équipe ne pourra prétendre au renouvellement de ladite prime deux années de suite. Les « cadres supérieurs » enthousiasmés par une telle innovation se démènent pour faire valoir le caractère exceptionnel d'une telle innovation. En appui sur l'idée que l'engagement de chacun devrait déboucher sur la mise en œuvre d'une intelligence collective qui, elle-même, susciterait plus d'implication chez les soignants, les « cadres de proximité » s'efforcent, à leur tour, de vanter la mesure au sein de leurs unités respectives. Avec ce dispositif se trouvent mises à l'honneur deux idées-forces : une prime (en l'occurrence, vingt-cinq euros de plus par mois) est motivante et la compétition entre équipes est stimulante.

Quand les salariés de cet établissement accueillent cette innovation avec indifférence et/ou exaspération, les cadres sont désorientés. Ils ne comprennent pas le propos de leurs collègues qui mettent en avant le caractère malsain de la concurrence entre équipes sur la base de projets évalués à partir de critères non définis, le tout pour une prime mensuelle non renouvelable d'une vingtaine d'euros, qu'ils assimilent à une insulte. Le discours qui prévaudra alors au sein de l'encadrement ajoutera une nouvelle offense : « les jeunes générations n'ont plus le goût du travail ! ».

Quand on n'est pas d'accord, on s'en va

Lors d'un colloque, plus de cent cadres sont rassemblés par l'ANFH (Association Nationale pour la Formation Permanente du Personnel Hospitalier), l'organisme de collecte des fonds de formation pour la fonction publique hospitalière, afin de réfléchir sur le thème suivant : « Comment les cadres de santé peuvent-ils s'impliquer et impliquer leurs subordonnés dans le travail ? Sous quelles conditions peuvent-ils rendre attractifs leurs services auprès des soignants (infirmiers et aides-soignants) trop nombreux à être tentés par la démission ? Comment motiver ? » Depuis de nombreuses années, ces problématiques liées aux difficultés de recrutement et de fidélisation des soignants sont récurrentes ; invité à ouvrir cette journée de réflexion, je propose une lecture de ce phénomène que je mets en lien avec les politiques de rationalisation dictées par le New Public Management. J'insiste sur le fait qu'avec les opérations d'accréditation/certification de la qualité, les découpages intra et extra-hospitaliers (« la Nouvelle Gouvernance », « la loi Hôpital Patient Santé Territoire », « les Groupements Hospitaliers de Territoire »), la quête de performance économique (« la T2A » (tarification à l'activité)), la perte de 100000 lits[12], en quelques années, la situation de l'hôpital public s'est considérablement dégradée. Je conclus en indiquant qu'un encombrement général des services (que le développement de l'ambulatoire n'a pas freiné) s'est installé, dégradant les conditions de vie au travail et qu'il est assez logique de constater la fuite des personnels. Mon tableau est sombre, mais il correspond à ce qui est entendu partout : « L'hôpital est à l'os ! ».

Parmi les participants se sont glissés quelques rares directeurs. Qu'ils aient en charge la direction d'un établissement, la gestion des « ressources humaines » ou encore des soins infirmiers (Directeur des Soins Infirmiers), ils s'emploient à contrebalancer mon propos. À tour de rôle, ils louent les capacités formidables de « résilience » de l'hôpital public qui a su tenir pendant la crise du COVID. Ils soulignent que des moyens considérables sont engagés (« 100 milliards pour l'hôpital en 2023 ! ») et plaident largement pour l'idée qu'il ne faut pas voir le « verre à moitié vide, mais bien au contraire, à moitié plein ! » Ils pointent notamment les exigences montantes des patients et des soignants et plus généralement le fait que les sociétés modernes attendent toujours plus de leur système de santé. Ils suggèrent qu'il y a une sorte d'inéluctabilité à ce que l'état de l'hôpital soit décrié. Mais, selon eux, cela en dit moins sur sa dégradation que sur l'esprit de populations toujours plaintives, car trop bien habituées et trop exigeantes. Cette rhétorique, typiquement managériale, résonne avec violence parmi l'auditoire. De bruissements en agitations, les protestations montent et l'ambiance s'approche de la « bronca ». Quelques membres de l'assistance prennent la parole pour dire leur malaise devant de pareils propos qui constituent, à leurs yeux, la négation de leurs difficultés quotidiennes et des efforts déployés pour les surmonter. La tonalité de leurs interventions oscille entre colère et abattement. Les directeurs ne désarment pas et s'engagent alors dans la défense de leur position en suggérant aux acteurs hospitaliers qui ne seraient pas d'accord pour appliquer les directives managériales dans leurs établissements respectifs de ne pas rester en fonction : « Quand on n'est pas d'accord, on s'en va ! » lancera l'un d'eux... « droit dans ses bottes » pourrais-je ajouter.

12- N. Belorgey, *L'hôpital sous pression*, Enquête sur le « nouveau management public », La Découverte, 2010.

La réflexivité comme résistance

Ces trois illustrations sont symptomatiques de l'ordinarité des violences organisationnelles. Sous l'humour se dessine le mépris ; la compétition pour une prime ridicule est vécue comme insultante ; le refus radical de la critique assimilée à un manque de loyauté est perçu comme une disqualification blessante. Ces microscènes ne sont en rien spécifiques au monde hospitalier ; elles se rencontrent partout au sein des organisations de travail. Difficiles à vivre, elles relèvent du quotidien ; leur caractère ordinaire n'ôte rien de leurs effets délétères. Je ne crois pas un instant que les protagonistes de ces situations aient été mal intentionnés. Ils n'ont tout simplement pas conscience de ce qu'ils provoquent. Et c'est justement cette « inconscience » qui me semble devoir être interrogée. Elle traduit une cécité, une désinvolture, un imaginaire et peut-être même une idéologie qui, en toute tranquillité, autorisent, banalisent ou invisibilisent la violence. Faute d'être mises en question, ces situations se reproduisent sans fin, même si leurs acteurs sont pourtant dotés de réflexion. En effet, la réflexivité ne se confond pas avec la réflexion. Cette dernière peut exister sans comporter la dimension essentielle de toute réflexivité : l'autoquestionnement des pratiques. Si la posture réflexive mériterait sans doute d'être initiée par le plus grand nombre pour tenter d'améliorer les conditions de vie au travail, elle nous semble relever de l'indispensable pour tous ceux dont la mission consiste à encadrer autrui (cadres et chefs en tout genre, petits et grands). Ses préceptes n'ont rien de complexe.

Le premier suppose l'acceptation de la critique. Le triptyque d'Hirschman[13], bien connu des sociologues et trop souvent ignoré des managers, souligne combien la prise de parole critique est essentielle. Pour améliorer une situation perçue comme dégradée, le silence indulgent (ou apeuré) au nom de la loyauté, de la fidélité, ne paraît guère aidant. De même, la défection, la fuite, le départ, par renoncement, par lassitude ou désintérêt ne portent pas non plus de potentialités correctives. Seules, la prise de parole et l'énonciation de critiques offrent la possibilité d'ouvrir un chantier réformateur. Sans légitimité accordée à l'expression de la critique, il n'y a pas de réflexivité.

La seconde dimension est déposée dans le crédit accordé aux collectifs de travail. Ceux-ci ne se forgent pas à coups de bonnes

13- « Exit, Voice Loyalty » (Défection, Prise de parole, Loyauté). A. Hirschman, 1972, *Face au déclin des entreprises et des institutions*, Les éditions ouvrières.

intentions ou d'incantations (un projet, une charte, un contrat...), mais sur la base de délibérations à propos des activités engagées. Comment sont-elles exercées, quels sont les obstacles au travail bien fait, que convient-il de mettre en œuvre pour que soit réalisé ce qui est collectivement attendu ? La mise en discussions, voire en disputes, du travail concret (lequel n'est jamais résumé par un référentiel qualité, un protocole technique ou un guide de bonnes pratiques) est nécessaire à la construction des collectifs. En d'autres termes la controverse sur le contenu de l'activité est indispensable à la dynamique réflexive.

Enfin, pierre angulaire du rempart contre la violence ordinaire, l'activation d'un sens clinique entendu comme la manifestation du « souci de l'autre » ; inclination toute entière contenue dans ce questionnement : « Que suis-je en train de faire à l'autre quand je fais ce que je fais ? », « Est-ce que ce que je provoque par mon action relève vraiment de mon intention ? » L'idée est simple, mais sa mise en œuvre n'est pas spontanée.

La figure d'une organisation de travail réflexive où toute forme de violence aurait disparu est sans doute utopique, mais une utopie n'a pas vocation à se réaliser. Plus modestement, elle invite à interroger ce qui ne l'est pas, à refuser d'accepter l'inacceptable tout en invitant à penser l'impensable.

Héloïse Junier

Chronique de la maltraitance médicale ordinaire

« Le gynéco que j'ai vu m'a dit que j'avais un cancer. Il m'a dit : "on peut vous guérir mais il va falloir enlever le sein". Je n'étais pas contente… Il m'a dit : "À l'âge que vous avez, ce n'est pas un problème!". Je lui ai dit que j'aimerais bien voir sa réaction si on lui annonçait qu'on lui en enlevait une! »

« Le Dr A., pédiatre, chef du service, vient nous voir et nous demande de le suivre, loin des oreilles sensibles de [notre fille] Coralie. Il nous parle de la greffe, de ses dangers, sans peser ses mots. Il fonce droit devant. Il faut savoir que c'est une opération dangereuse, très dangereuse, avec risque d'embolie gazeuse, de septicémie générale (…). Il ne nous épargne pas les détails. À chaque mot, j'accuse le coup. J'ai l'impression qu'on me tape sur la tête et que je m'enfonce chaque fois un peu plus »

« J'ai eu aussi le chirurgien qui entre dans la chambre, j'étais aux toilettes. Je lui ai demandé "pouvez-vous sortir ? Cela me gêne. Non, moi ça ne me gêne pas", a-t-il répondu. Il m'a fait ça à deux reprises. »

« Un médecin avait lancé à ma mère, d'origine antillaise et légèrement en surpoids, "Alors, on a mangé trop de flans au coco?". En une seule remarque, ce praticien venait d'attaquer sa couleur de peau, sa culture et son physique ».

Des actes quotidiens et insidieux

Les témoignages de patients relatant des maltraitances psychologiques se multiplient. Si leurs manifestations sont invisibles au point de passer inaperçues, leur impact, quant à lui, est bien réel. Ces attaques émotionnelles ont de multiples facettes. « Les formes de maltraitances les plus fréquemment observées sont directement liées aux discriminations. Je pense que le prototype de l'homme blanc, hétérosexuel, qui n'est pas en surpoids, sera plus à l'abri de nombreuses maltraitances. La grossophobie est particulièrement répandue. Or, une personne en surpoids le sait et n'a pas besoin que son médecin le lui rappelle, ou le lui reproche, à chaque fois qu'elle le consulte, a fortiori quand le motif de consultation n'a rien à voir! » témoigne Baptiste Beaulieu, médecin et écrivain, auteur de *Alors voilà. Les 1001 vies des urgences* (Fayard, 2013), médiatiquement engagé contre les discriminations médicales et en faveur de la qualité de la relation soignant-soigné. Selon Martin Winckler, médecin généraliste installé au Québec et auteur de l'ouvrage *Les Brutes en blanc* (Flammarion, 2016), la maltraitance médicale, c'est finalement lorsqu'un médecin, au lieu de répondre à la demande de soins du patient, se permet de juger, ou encore de commenter spontanément ses choix ou son physique. « Le "c'est dans votre tête!" que trop de praticiens décochent aux patients invoquant un symptôme non répertorié est l'une des expressions les plus manifestes de l'obscurantisme médical français (...) Rejeter la réalité d'un symptôme est une première violence qui laisse entendre que le patient se trompe sur ses propres perceptions voire qu'il ment délibérément (...) Or, un symptôme est toujours subjectif », dénonce l'auteur dans son ouvrage. Nous voilà à 1 000 lieues du code de conduite médical qui préconise de « guérir parfois, soulager souvent, consoler toujours ».

Médecin moins chaleureux? Traitement moins efficace!

Comme le souligne Martin Winckler, l'effet placebo n'est pas produit par le médicament lui-même ou par la personne qui le prescrit, mais par la perception qu'en a la personne qui le prend : « Quand on fait confiance au soignant, tous ses gestes ont un effet placebo. Quand le soignant nous fait peur, tous ses gestes nous semblent nocifs ». Baptiste Beaulieu le confirme : « Si le patient a confiance en son médecin, ce dernier a quasiment fait 30 % du traitement car il aura tendance à penser que ce qu'il lui prescrit est efficace ». Il y a 60 ans, Michaël Balint, un psychiatre anglais, confirmait dans le cadre de son ouvrage de 1957 *Le Médecin, son malade et la maladie* que « le premier médicament c'est le médecin lui-même ». Ce praticien à la sensibilité avant-gardiste pour l'époque impulsa un mouvement médical visant à revisiter et reconsidérer les relations médecins-malades. Des groupes de réflexion furent menés auprès de médecins psychiatres et de généralistes. D'ailleurs, quels que soient la durée ou le type de soin, l'influence du soignant est conséquente. Martin Winckler rappelle que la simple pression artérielle fluctue en fonction de la personne qui la mesure : « Quand le médecin la prend, elle est plus élevée que lorsque c'est une infirmière; et elle est encore plus basse quand le patient se la prend avec un tensiomètre automatique ». Parallèlement, une étude portant sur les jeunes patients atteints d'un cancer avancé a souligné que la qualité de la relation entre le médecin et son patient pouvait être plus impactante, dans l'adhésion au traitement, que les effets secondaires ou l'efficacité du traitement lui-même. Certaines recherches évaluent tout particulièrement la satisfaction des patients par rapport à l'attitude de leur médecin comme un élément central de l'engagement dans le traitement et de l'évolution de la maladie. L'empathie du praticien en étant la pierre angulaire. Batiste Beaulieu nous confie le témoignage d'une jeune femme : « Un dermatologue avait tenu des propos très provocateurs et déplacés à son égard lorsqu'elle l'avait consulté à la suite d'une opération. Si bien qu'elle n'est pas retournée voir un seul médecin en 10 ans, encourant des risques pour sa santé. Ce médecin avait fait non seulement du mal et du tort à la patiente, mais également à la profession elle-même. C'est aussi pourquoi nous devons avoir un devoir d'exemplarité ».

« Chosifier » les patients pour se protéger ?

Les raisons de cette attitude désinvolte sont multiples, à l'image de la pluralité des profils des praticiens. Dès l'amorce de l'interview, Baptiste Beaulieu pose le cadre : « Je tiens à préciser que chacun de nous risque, à un moment ou à un autre, d'être maltraitant, qu'on le veuille ou non. Si vous allez voir votre médecin à 9 heures et le soir à 19 h 30, vous ne tomberez pas sur la même personne. Le matin, nous sommes plus frais, plus disponibles, plus en forme. Le soir, nous sommes davantage fatigués, nous avons enchaîné des consultations qui n'étaient pas toujours simples à vivre ». Exercer dans le champ de l'humain expose nécessairement, patients comme médecins, au travers et aux limites d'êtres soumis aux émotions, au stress, à la fatigue physique et psychique, aux blessures narcissiques. Certains services de soins, en réanimation ou en soins palliatifs par exemple, sont particulièrement susceptibles de pousser les médecins dans leurs retranchements : « En réalité, en réa, il n'y a pas d'usager. Il dort, il meurt… C'est une extrême violence. Nous ne sommes pas dans un service qui révèle des passions, on a au contraire un *turn-over* important car les gens ne tiennent pas. C'est difficile dans ce contexte de rester proche des malades». Autre service, autre témoignage, même détresse émotionnelle : «On a eu ainsi le cas d'une femme qui avait une nécrose du bras, autrement dit, cette femme avait une partie de son corps déjà mort. C'était très dur pour le personnel et ils souhaitaient la voir mourir (...). Ils ne supportaient plus les soins à faire». Certains praticiens, confrontés à une souffrance physique trop forte et trop prolongée, tendraient à développer des mécanismes de défense et à «chosifier» le corps de leurs patients. Cette mise à distance du ressenti du patient viendrait-elle les protéger d'un trop-plein d'émotions intolérable?

Un problème de formation?

Selon Baptiste Beaulieu, de nombreux médecins, aussi bons techniciens soient-ils, souffrent d'un réel manque de connaissances culturelles, psychologiques et sociologiques. «Partir du postulat que le sexisme, l'homophobie, l'antisémitisme, la grossophobie et le racisme sont moins présents dans le corps médical que dans les autres corps de métiers est une profonde erreur! On observe autant de discriminations chez le médecin qualifié que chez n'importe qui. C'est juste que celles-ci n'ont pas la même forme et s'expriment différemment, de manière plus subtile». Une connaissance approfondie d'un aspect du fonctionnement du corps humain n'inclut pas nécessairement une ouverture d'esprit et une culture générale de l'humain : «on peut être titulaire d'un doctorat en neurologie et être nul en droit des femmes, ce qui ne sera pas le cas d'un étudiant en littérature qui aura lu Simone de Beauvoir. De même, passer des années à étudier la pneumologie ne fera pas de toi quelqu'un de moins homophobe. Il s'agit là de deux champs de connaissance et d'analyse très distincts, indépendants l'un de l'autre», complète Baptiste Beaulieu.

Si, en début de cursus, les étudiants en médecine sont majoritairement des individus sensibles et empathiques, il est rare que leurs émotions soient mises au-devant de la scène pendant leur parcours. Martin Winckler met en perspective le cursus universitaire français avec celui de ses voisins québécois et des pays anglo-saxons. La place attribuée au patient s'avère particulièrement variable. Tandis que les universités françaises cantonnent majoritairement les patients au rang d'objets d'études, les deux universités de Montréal les impliquent directement dans le cursus. Il arrive qu'un patient chronique soit désigné comme le mentor d'un étudiant, tout au long de ses études, ou bien que l'entretien de recrutement de l'étudiant soit mené par un médecin et un patient. Pendant ce temps, en France, certains universitaires estimeraient légitime de pratiquer des examens gynécologiques sur des femmes endormies ; une attitude qui ne manque pas de révolter Martin Winckler.

Baptiste Beaulieu nous confirme que pendant les études de médecine, les modules d'enseignement liés à l'éthique sont « accessoires ». Au-delà de cette tendance à la déshumanisation du corps des patients, Martin Winckler regrette que les universités françaises ne fabriquent pas toujours de réels soignants mais des personnes qui se conduisent comme des « aristocrates », leur conférant un sentiment de supériorité. Or, soigner se révèle difficilement compatible avec l'exercice d'un pouvoir, insiste-t-il. Un point sur lequel rebondit Baptiste Beaulieu : « Qu'on le veuille ou non, les études médicales sont classistes en soi. Elles s'adressent globalement à des personnes de classes moyenne ou supérieure. Or, quand tu es né "fils de", que tu n'as jamais connu la précarité et que tu ne sais pas ce que c'est de vivre avec 1 500 euros par mois, tu peux rapidement nier les difficultés de patients qui ne jouissent pas des mêmes privilèges ».

Le mot de la fin ? Le Conseil national de l'Ordre des médecins a publiquement désapprouvé l'ouvrage de Martin Winckler qu'il a estimé trop caricatural, alors que « les dérives de certains professionnels » restent « extrêmement rares ». À ce titre, le CNOM a jugé bon de rappeler que, selon la grande consultation qu'il avait impulsée fin 2015, 97 % des patients confirmaient avoir une bonne relation avec leur médecin traitant, tandis que 87 d'entre eux se sentaient écoutés et compris.

Cinquième partie

Les violences infantiles

- Les violences éducatives, d'hier à aujourd'hui
  Béatrice Kammerer
- Peut-on éduquer sans violence ?
  Héloïse Junier
- Pourquoi les ados se font-ils mal ?
  Philippe Jeammet
- Rages adolescentes
  David Le Breton
- Enrayer le harcèlement entre élèves
  Bruno Humbeeck
- Les réseaux sociaux, une caisse de résonance de la violence
  Hugo Albandea

Béatrice Kammerer

Les violences éducatives, d'hier à aujourd'hui

C'est une victoire à laquelle les militants ne croyaient plus : près de dix ans après la première proposition de loi « antifessée » de la pédiatre et députée Edwige Antier, le Code civil entérine le 10 juillet 2019 le principe selon lequel « l'autorité parentale s'exerce sans violences physiques ou psychologiques ». Il aura fallu une condamnation de la France par le Conseil de l'Europe en 2015 et plus de trois ans de tractations parlementaires pour que cette loi fût adoptée. Sa formulation n'entend pas seulement condamner les violences faites à l'enfant, déjà réprimées de longue date par le Code pénal, mais aussi reconnaître le caractère inacceptable de pratiques socialement perçues comme des gestes éducatifs ordinaires.

Cet objectif mobilise depuis une vingtaine d'années les militants de la « non-violence éducative », à qui on doit l'introduction du concept. « On parle depuis longtemps de châtiment, de punition, de correction, mais le terme de “violences éducatives”, est très récent, retrace le psychiatre et anthropologue Daniel Delanoë. Surtout utilisé en France, il apparaît sous la plume d'Olivier Maurel, cofondateur en 2005 de l'Observatoire de la violence éducative ordinaire (Oveo), qui l'a popularisé par le biais de ses ouvrages[1]. »

Une mobilisation d'ampleur que confirme Nicolas Rafin, maître de conférences en sociologie à l'université de Nantes et coauteur d'un rapport de recherche sur les enjeux sociaux et juridiques de l'interdiction des violences éducatives[2] : « Les acteurs associatifs ont fait un intense travail de diffusion auprès des députés et des institutions administratives et judiciaires de protection de l'enfance, pour les sensibiliser à cette cause. » Malgré son origine militante, nombreux sont les chercheurs à saluer l'intérêt du concept.

1- Par exemple, O. Maurel, *Oui, la nature humaine est bonne! Comment la violence éducative ordinaire la pervertit depuis des millénaires*, Robert Laffont, 2009.

2- N. Rafin et M. David, « Sanctionner les “châtiments corporels” à visée éducative? Aspects sociaux et juridiques d'un intolérable en devenir », 2019.

« Distinguer les violences éducatives des maltraitances a permis de mettre en lumière la dimension systémique des premières, explique Camille Roelens, philosophe de l'éducation et auteur d'un *Manuel de l'autorité* (Chronique sociale, 2021). Il ne s'agit pas de parents défaillants en proie à leurs pulsions, mais d'une norme sociale très ancrée où la violence est vue comme un moyen nécessaire au service d'une fin légitime qu'est l'éducation des enfants. »

Premières condamnations

Faut-il en conclure que la pratique des violences éducatives se transmettrait depuis des générations ? Oui, répond D. Delanoë, qui souligne la quasi universalité du recours aux sanctions physiques envers les enfants dans les sociétés humaines. « Les rares à ne pas en user sont des sociétés de chasseurs-cueilleurs peu hiérarchisées, réprouvant la violence interindividuelle et la domination masculine. » Dans *Les Châtiments corporels de l'enfant* (Érès, 2017), le médecin salue néanmoins une tendance générale au reflux. « Les sociétés postindustrielles ont besoin d'individus autonomes, coopératifs et négociateurs, autant de compétences qu'on ne développe pas sous les coups. »

En France, les premières condamnations des violences éducatives remontent au siècle des Lumières et visent à réhabiliter la nature de l'enfant. « Avant Rousseau, l'enfant était vu par l'Église comme l'incarnation du mal car marqué du péché originel, détaille Jean-Claude Caron, historien et auteur du livre *À l'école de la violence* (Aubier, 1999). La violence physique apparaissait alors comme un moyen de chasser le diable de son corps pour permettre au bien de triompher. » Il faudra attendre le 19e siècle pour assister aux premières avancées sociales. Outre une série de lois visant à limiter la toute-puissance paternelle et à protéger l'enfant des mauvais traitements, l'école publique met en avant dès 1834, sous l'impulsion du ministre François Guizot, la réprobation des châtiments corporels pour se démarquer des ordres catholiques enseignants, connus à l'époque pour en user largement. Un moyen de contrer le monopole de l'Église sur l'enseignement primaire, mais aussi « une volonté de "déviolentiser" la société française, dans une perspective civilisatrice », estime l'historien.

Au début du 20e siècle, l'essor de la psychanalyse et ses hypothèses quant à l'origine des névroses marquent une nouvelle étape. « On a pris conscience que la violence des éducateurs pouvait laisser des marques sur l'enfant, pas uniquement sur son corps, mais aussi dans son esprit», analyse C. Roelens. Mais pour le philosophe, le triomphe de l'individualisme, c'est-à-dire la reconnaissance de chacun comme individu, en Occident, au cours de la deuxième moitié du 20e siècle, est responsable de la plus grande avancée : «Tant que les enfants étaient considérés comme des instruments au service d'un projet plus ambitieux – politique, religieux ou social –, la violence éducative pouvait continuer d'être légitimée au nom de ce plus grand bien.»

C'est ce changement de perspective qui aboutira en 1989 à l'adoption par les Nations unies de la Convention internationale des droits de l'enfant, incluant le droit d'être protégé contre toute forme de violence physique ou mentale.

Une loi encore méconnue

Ces progrès ne sauraient pourtant faire oublier l'énorme écart entre les discours et les faits. S'agissant de l'école, nul n'ignore que les coups de règles et bonnets d'âne ont persisté une grande partie du 20e siècle. Pour J.C. Caron, les heures de colle et lignes à copier n'en seraient d'ailleurs qu'une version contemporaine. «L'objectif est toujours de dresser le corps de l'enfant, de fatiguer son poignet et de l'humilier, donc de lui infliger une douleur physique et morale.» Du côté des parents, si les enquêtes statistiques manquent pour dresser un état des lieux précis des violences éducatives, toutes les études qualitatives confirment leur présence dans une majorité de familles. Dans leur enquête menée en 2017 auprès d'une quarantaine de couples parentaux, N. Rafin et ses collègues ont distingué trois situations : celles où les deux parents sont opposés aux châtiments corporels et se l'interdisent, celles où ils admettent y avoir recours sans pour autant valoriser ces sanctions physiques, et celles où il y a désaccord.

Les résultats de leur étude réfutent le préjugé selon lequel les violences éducatives seraient l'apanage des parents de milieux défavorisés issus de l'immigration. «Seul le premier groupe, hostile aux sanctions physiques, est homogène sur le plan socioculturel. Il regroupe une majorité de parents travaillant dans les métiers de l'enfance et disposant d'un certain capital culturel.» Dans les autres, la diversité prime : on y trouve aussi bien des parents en grande précarité, que des classes supérieures économiques valorisant une conception plus hiérarchique du fonctionnement familial.

Ainsi, pour ces chercheurs, « la seule norme largement partagée est le souci de ne pas blesser l'enfant ni de le traumatiser », des variations existant aux yeux des parents sur ce qui risque de faire trace dans le corps ou le psychisme de l'enfant. La loi de 2019 a-t-elle pu changer la donne? Difficile à dire, estiment ces sociologues. « Sa portée symbolique est capitale, mais elle reste peu contraignante. La justice familiale et la justice des enfants sont déjà tellement engorgées qu'elles n'ont que peu de moyens pour traiter les affaires impliquant uniquement ces violences éducatives ordinaires. »

Jusqu'où aller?

Pour les convaincre de ne plus y recourir, reste l'information. D. Delanoë en fait son principal levier auprès des familles qu'il reçoit en consultation. « Il faut tout d'abord faire connaître l'existence de la loi, que beaucoup ignorent faute de campagnes de communication institutionnelles suffisantes. Mais également informer sur les données scientifiques qui montrent de manière unanime l'inefficacité des violences éducatives et leur nocivité sur le développement de l'enfant. » En 2016, une importante méta-analyse portant sur 160927 enfants a mis en lumière que le fait d'avoir reçu des fessées était statistiquement corrélé à une élévation du risque de présenter des troubles du comportement, de souffrir d'une mauvaise estime de soi, ou de développer des maladies mentales[3].

Qu'en est-il des autres violences éducatives? Pour D. Delanoë, si l'impact des violences psychologiques – cris, insultes, menaces – est bien établi scientifiquement et comparable à celui des coups, il en va autrement des contraintes légères : « Certains estiment que des pratiques telles que la mise au coin ou la privation d'activités ludiques constituent également une forme de violence éducative. Mais on ne dispose pas, à ma connaissance, de telles études sur ces pratiques. L'argument est donc moral, plus que scientifique. » D'autres militants vont même très loin, en suggérant qu'imposer à un enfant des heures de repas ou de sommeil, le gratifier d'une récompense, ou lui imposer un geste médical nécessaire, pourraient aussi relever de la violence éducative.

En outre, l'application de la loi sur les violences éducatives ordinaires n'est pas sans poser des difficultés pratiques aux juges. « Les rares affaires de violences éducatives présentées

3- E. Gershoff et A. Grogan-Taylor, « Panking and child outcomes. Old controversies and new meta-analyses », *Journal of Family Psychology*, vol. XXX, n° 4, juin 2016.

devant les tribunaux concernent souvent des couples séparés, prévient N. Rafin, ce qui laisse craindre aux magistrats qu'un parent dénonce l'autre abusivement pour modifier les modalités de l'exercice parental. »

Enfin, ne faut-il pas s'inquiéter que les parents abandonnent tout rôle de cadrage par peur d'être taxés de violences ? « Renoncer aux violences éducatives ne revient pas à abdiquer son individualité et vivre en esclave de ses enfants, objecte C. Roelens. Cela ne signifie pas non plus les préserver de toute adversité, ni présupposer que l'enfant sait naturellement s'orienter dans un monde complexe. car ne lui donner aucun repère social et culturel, c'est aussi une violence. »

Le regard de Marie Rose Moro
5 conseils pour une éducation bienveillante

Marie Rose Moro est pédopsychiatre, directrice de la Maison de Solenn à l'hôpital Cochin et autrice, entre autres, de *Quand ça va, quand ça va pas. Leur(s) famille(s) expliquée(s) aux enfants et aux parents !* (Glénat Jeunesse, 2021).

1 - Se libérer de l'idée que la violence a une vertu éducative
Les fessées, les gifles, les cris, les paroles blessantes sont non seulement interdits, mais aussi inefficaces. Un enfant qui reçoit une fessée ou qu'on enferme dans sa chambre aura toutes les chances de réitérer son comportement, tôt ou tard. Car la violence n'apprend rien, elle est au contraire un échec de la relation. Elle entérine chez l'enfant la croyance qu'il est une mauvaise personne.

2 - Miser sur le dialogue
Pour obtenir la modification du comportement de l'enfant, il faut d'abord énoncer l'interdit, puis l'expliquer, dans un langage adapté à son âge. L'objectif est qu'il comprenne le sens de la règle pour que, peu à peu, il la fasse sienne et devienne ainsi autonome. Il faut aussi lui montrer qu'on l'aime et qu'on l'estime, même lorsqu'il a enfreint les règles, car certains enfants transgressent uniquement par besoin de réassurance. Enfin, lorsque la sécurité de l'enfant n'est pas en jeu, on peut s'autoriser à négocier les règles, en encourageant l'enfant à faire valoir son point de vue. Cela participe aussi de son éducation.

3 - Se méfier des vade-mecum de bonne parentalité
Si quelqu'un prétend détenir la formule magique pour élever des enfants épanouis, fuyez ! Celle-ci n'existe pas ! Il faut se méfier de l'offre

commerciale de stages et d'ateliers de parentalité, qui fleurissent actuellement. On peut trouver de l'aide en échangeant avec d'autres parents, où en faisant appel à un professionnel, mais dans tous les cas, la solution devra être ajustée à chaque famille, à chaque relation parent-enfant, à chaque moment de la vie.

4 - Ne pas craindre les désaccords au sein du couple
Il est tout à fait normal que les deux parents n'aient pas exactement la même vision de l'éducation : l'un peut être attaché au respect des règles de politesse, des heures de coucher ou à l'équilibre des repas quand l'autre accordera plus d'importance au libre arbitre de l'enfant. L'important est d'en parler et de trouver des compromis. L'enfant a besoin, non pas d'une éducation parfaitement cohérente, mais d'une éducation authentique, en adéquation avec l'identité de chacun de ses parents.

5 - Faire preuve de bienveillance envers soi-même
Notre société n'encourage pas assez les parents à être attentifs à leurs besoins, au contraire, elle a régulièrement culpabilisé les mères de ne pas en faire assez. Or, si les besoins de l'enfant sont essentiels, ceux des parents ne le sont pas moins : chacun doit pouvoir s'ajuster à l'autre. Il arrive aussi en tant que parent qu'on n'agisse pas aussi bien qu'on aurait voulu, et que la violence éducative s'invite à nouveau sous notre toit. Plus que de s'accabler, il est important d'en parler avec l'enfant, de reconnaître qu'on a eu tort et de chercher autour de soi des ressources pour que ça n'arrive plus.

B. K.

HÉLOÏSE JUNIER

PEUT-ON ÉDUQUER SANS VIOLENCE ?

Mardi, 19 h 30. Mathéo, 3 ans, refuse de manger l'assiette de légumes que sa mère a mis un temps fou à lui concocter. Le ton monte. Plus sa mère insiste, nerveuse, plus l'enfant rechigne et se raidit. Le père intervient, il élève la voix, sermonne son fils, le prive de dessert et le menace de l'envoyer au lit s'il n'obéit pas. Mathéo pleure puis, à son tour, se met à crier. Excédé, son père lui donne une fessée assortie d'un « Ça t'apprendra à faire des caprices ! Tu es un méchant garçon. » Sidéré, Mathéo baisse la tête et ne dit plus un mot, tandis que ses parents achèvent leur repas... dans le silence. En l'espace d'une dizaine de minutes, les parents de Mathéo ont pratiqué l'humiliation, la menace et le châtiment corporel. Autant de violences qu'ils n'auraient jamais fait subir à un adulte. Et qu'ils n'ont d'ailleurs le droit de pratiquer ni sur un adulte ni sur un enfant. Avant d'être un sujet d'éducation, l'enfant est un sujet de droits. La Convention Internationale des Droits de l'Enfant (CIDE), ratifiée par la France en 1990, interdit ce type de violences, tout comme la loi française de 2019 selon laquelle « L'autorité parentale s'exerce sans violence physique ou psychologique ». De leur côté, les scientifiques considèrent ces violences, quand elles sont répétées et/ou intenses comme défavorables au bon développement intellectuel et affectif de l'enfant.

Une éducation non violente, respectueuse des besoins de l'enfant comme de ceux de ses parents, est-elle réellement envisageable ou délibérément utopique ?

Aux États-Unis, un mouvement d'éducation bienveillante, connu sous le nom de l'*attachement parenting*, séduit de plus en plus de nouveaux parents insatisfaits par l'autoritarisme et le laxisme. Ce mouvement s'apparente au style d'éducation démocratique, distinct du style autoritaire, permissif ou encore négligent, évoqué par la psychologue américaine Diana Baumrind. Si, dans nos contrées, cette vague éducative demeure marginale, elle se développe peu à peu. Les ouvrages, articles de presse, conférences et ateliers de parents ne cessent de se multiplier, touchant de plus en plus d'éducateurs, parents et professionnels.

L'éducation bienveillante s'inspire de l'héritage des pédagogues tels que Maria Montessori et Célestin Freinet et des travaux plus récents sur la communication non violente du psychologue Marshall Rosenberg. Rompant avec certains postulats psychanalytiques, elle s'inscrit dans le champ de la psychologie positive, à dominante comportementale et alimentée par celui de la psychologie du développement, de la théorie de l'attachement et des neurosciences affectives et sociales. L'intrication de ces mouvements a changé la vision de l'enfant : il n'est plus perçu comme un être manipulateur qu'il faut redresser sous peine qu'il devienne tyrannique, mais comme un individu vulnérable, au cerveau immature, prédisposé au sens de la moralité et de l'empathie, qui nécessite d'être accompagné avec bienveillance pour s'épanouir. Concrètement, comment se concrétise-t-elle au quotidien ?

Éviter le rapport de force

Le premier palier consiste à comprendre l'enfant et son comportement, et à conserver une posture empathique (ce qui n'est pas toujours simple, je vous l'accorde !) : « Pourquoi ne mange-t-il pas son assiette de légumes ? Je sais que ce n'est pas pour me blesser qu'il ne mange pas ce que je lui ai préparé, mais parce qu'il lui manque quelque chose à cet instant T. Je vais donc essayer de comprendre de quoi il s'agit au lieu de me braquer et d'impulser un rapport de force. »

Cette posture empathique aide à désamorcer la crise. Mais elle ne suffit pas à éduquer. La question du cadre, des règles et des limites est tout aussi essentielle. L'éducation dite démocratique consiste à appliquer le cadre éducatif sans violenter l'enfant, dans le respect de ses besoins et de ses droits. Il ne s'agira pas, par exemple, de préparer le plat préféré de Mathéo pour compenser le fait qu'il ne mange pas ses légumes. Néanmoins, il pourra manger son dessert et terminer son repas serein, sans être sous la pression des adultes. Les punitions humiliantes, qui viennent soulager l'adulte, peuvent être remplacées par des sanctions circonstanciées, liées à l'action commise : « À présent que tu es calmé, tu vas ramasser les légumes que tu as jetés par terre quand tu étais énervé. »

L'éducation démocratique consiste également à pratiquer le « renforcement positif », c'est-à-dire à se focaliser sur les points forts de l'enfant, sur ce qu'il fait de bien, et l'encourager quand il y arrive, plutôt que le punir quand il a un comportement qui ne convient pas.

Renoncer à devenir un parent parfait

Contrairement aux idées reçues, ce n'est pas l'éducation démocratique – appelée « éducation positive » – qui augmente le risque de burn-out parental, mais le perfectionnisme parental. Plus précisément, plus un parent est perfectionniste dans sa parentalité, plus il cherche à atteindre un idéal, plus il se met la pression et plus il risque d'en souffrir, et ce, quel que soit le style éducatif dans lequel il s'inscrit. Ainsi, l'un des axes d'épanouissement de cette parentalité est de prendre conscience de ce grand écart qui peut exister entre la théorie et la vraie vie et de renoncer à être… un parent parfait.

Vous l'aurez compris, non seulement éduquer un enfant sans violences n'est pas utopique, mais il s'agit là de l'évolution logique et nécessaire de l'éducation de nos enfants sur ces prochaines décennies. Aussi faut-il reconnaître les violences que l'on a soi-même subies quand on était enfant et que l'on ne souhaite pas reproduire sur nos propres enfants. Et ça, c'est une autre histoire… d'éducation !

PHILIPPE JEAMMET

POURQUOI LES ADOS SE FONT-ILS MAL ?

L'adolescence se caractérise par un début d'autonomie, et donc par une nouvelle distance relationnelle aux parents. En ce sens, elle représente un puissant révélateur : l'adolescent met à l'épreuve ses propres ressources, c'est-à-dire ce dont il hérite de sa famille et de son enfance. Même s'il va bien, il voit vaciller son sentiment de sécurité interne, son image de lui-même, autrement dit sa confiance en lui et dans les autres. Les pathologies psychiatriques de l'adolescence, par les vulnérabilités qu'elles expriment, ne font que redoubler cet effet révélateur de l'adolescence normale.

Parfois apparaissent des conduites qui paraissent inhabituelles à l'entourage : le retrait, l'évitement subi des liens habituels, le dénigrement de soi, de ses compétences ainsi que toutes les formes d'attaque du corps qui vont des accoutrements provocants jusqu'aux scarifications en passant par la trichotillomanie (l'arrachage compulsif de ses poils) ou l'anorexie mentale ; la tentative de suicide en étant la forme extrême.

Menace sur le territoire

Les apprentissages scolaires sont également une voie privilégiée d'expression : basculement soudain d'une réussite en son contraire. Il en est de même de la qualité des relations sociales et notamment des liens avec les objets d'attachement privilégiés. On assiste à ce renversement plus ou moins brutal de la proximité et de la dépendance affective en son contraire avec souvent un caractère ostentatoire et provocant qui désarçonne les parents et les déçoit. Déception que l'adolescent semble tout faire pour renforcer en se montrant de plus en plus difficile...

Les facteurs déclenchant de ces conduites sont souvent difficiles à cerner. La puberté en elle-même est un facteur, en ce sens où elle correspond à une variation de la relation à quiconque représentait jusque-là un repère ou un appui : parents, mais aussi professeurs, amis, etc. L'adolescent peut alors se sentir « débordé » par les autres, ou, en miroir, confronté à une menace de soumission aux autres. Si ces ressources, conjuguées aux soutiens environnementaux de l'adolescent, sont insuffisantes pour contenir la tension que cette situation fait peser sur son équilibre psychique, il peut survenir un douloureux vécu d'impuissance.

À ce vécu d'impuissance, l'adolescent répond comme l'animal qui perçoit une menace sur son territoire. L'être humain considère comme son « territoire » tout ce à quoi il confère une valeur : sa famille, ses croyances, mais aussi bien son club de foot, sa bande de copains, etc. Quand il se sent menacé sur ce territoire, il a tendance à vouloir reprendre activement la main sur ce qu'il a eu le sentiment de subir. Il éprouve la nécessité de se percevoir à nouveau comme acteur de sa vie, afin d'éviter l'effondrement ou la désorganisation. La destructivité est la forme la plus accessible de cette maîtrise. Si le plaisir et le succès sont toujours aléatoires, comme tout ce qui est de l'ordre de la vie, car ils dépendent de la réponse des autres, le déplaisir, l'échec provoqué et l'autodestruction sont toujours sûrs, surtout quand on les provoque soi-même. Plutôt s'infliger soi-même ce que l'on craint de subir que de se le voir imposer par autrui. Ce n'est pas un choix mais cela peut devenir la tentation d'en faire ce que le psychanalyste américain Erik Erickson appelait une « identité négative ».

Anesthésique émotionnel

Toutes ces conduites ont également en commun de prendre la forme d'une amputation d'une partie des acquis et des potentialités dans l'un des trois champs nécessaires au développement : le corps, les apprentissages, la sociabilité. Les scarifications en sont un exemple caricatural. Si l'on demande à ces jeunes filles pourquoi elles se scarifient, elles ont beaucoup de peine à trouver une réponse sauf, en fin de compte, le fait que ça les soulage – c'est là la clé de ce type de conduites. Ce n'est pas un choix de leur part mais bien une contrainte subie, à laquelle elles tentent dans un second temps d'adhérer ou même de considérer comme un choix délibéré.

Pourquoi cette adhésion voire cette appropriation de ces conduites ? Parce qu'elles apportent un soulagement et rassurent ces sujets. Pourquoi ce soulagement ? Parce que le moi retrouve ainsi un rôle actif face à la menace de débordement.

En revanche, si quelqu'un d'autre cherche à imposer à l'adolescent ce qu'il s'inflige lui-même, la réaction est immédiatement inverse : il se révolte, crie à l'injustice, se pose éventuellement en victime.

Ces conduites se nourrissent toujours de déceptions accumulées. Mais la déception est elle-même proportionnelle au désir et à l'envie qui lui sont sous-jacents. Elle se nourrit de l'intensité du désir pour pousser le sujet à se priver de ce dont il aurait le plus envie : la nourriture pour les anorexiques, le bien-être physique et moral pour les adolescents qui se blessent ou se mutilent. La compulsion de répétition, caractéristique de ces conduites autodestructrices, est ainsi paradoxalement au service de la sauvegarde voire du triomphe de la maîtrise, tout en conduisant à des blessures plus ou moins graves, quand ce n'est pas à la mort. La conduite autodestructrice permet d'éponger la souffrance, véritable anesthésique affectif. L'émotion – tristesse, angoisse, etc. – s'efface au profit de la sensation – douleur, faim, etc. – sur un mode qui peut prendre une véritable dimension addictive. On parle parfois de masochisme, ce qui supposerait une forme de plaisir, voire d'érotisation. C'est toujours possible, mais le masochisme semble bien secondaire par rapport au soulagement apporté par cette reprise d'une position active. On observe d'ailleurs aussi des conduites autodestructrices chez les enfants en bas âge. On y retrouve l'absence de plaisir et le besoin compulsif d'une autostimulation pour se sentir exister. Ces comportements seront d'autant plus destructeurs que la carence relationnelle de l'enfant sera plus massive.

Un soulagement momentané

Ces conduites sont souvent difficiles à vivre pour l'entourage. Pour trouver la réponse adaptée, il est nécessaire de comprendre qu'elles ne sont pas un choix, contrairement à ce que pensent souvent les adolescents. Elles s'imposent à eux car elles leur apportent un soulagement momentané, ce en quoi elles ne sont pas aussi « folles » que l'on peut parfois le croire. Mais elles ne sont pas justes, car il n'est jamais acceptable de s'abîmer d'une façon ou d'une autre pour se sentir exister et moins mal. En ce sens, si elles ne sont pas toujours pathologiques, elles sont toujours pathogènes. Elles ne doivent pas devenir le moyen habituel pour l'adolescent de réguler ses tensions. Il revient aux adultes de ne pas laisser les adolescents dans ces comportements à la fois non choisis et destructeurs, d'essayer d'en comprendre les raisons avec lui et de prendre les mesures pour l'aider à trouver d'autres moyens d'expression et reprendre confiance en lui et dans les autres.

David Le Breton

Rages adolescentes

Rares sont les adolescents criminels. Aucun profil type ne se dégage de ces cas d'homicides. Rarement prémédité, le meurtre traduit le heurt d'une histoire de vie avec une situation précise qui exacerbe les blessures ou les manques antérieurs : abandon, inceste, abus sexuel, maltraitance, manque d'amour, absence de toute loi dans la famille, tensions familiales, sentiment d'un manque de reconnaissance par les autres, etc. L'univers de sens de ces jeunes meurtriers est déchiré de toute part, constitué d'injustices, de manquements de la part des adultes, leur donnant le sentiment que tout est égal, qu'aucune loi ne se dégage vraiment, hormis celle d'une réaction propre à l'instant. Ou bien ce sont des «vengeances» qui aboutissent à la mort d'un autre adolescent, la parole étant impuissante à apaiser les tensions.

Les massacres scolaires font leur apparition à la fin des années 1980. La violence mise en jeu est pratiquement aveugle, même si parfois des cibles éventuelles sont épargnées. On se souvient à ce propos du massacre de Colombine, en 1999, dans le Colorado. Un exemple entre mille. Certains adolescents s'attaquent d'abord aux membres de leur famille comme pour effacer toute trace de leur origine, et ils poursuivent leur cheminement aléatoire en tuant ceux qui se trouvent sur leur passage au sein de l'établissement scolaire ou universitaire. Violence déconcertante, imprévisible, dévastatrice, irrésistible. Le jeune se tue ou il est abattu par la police. Les frustrations et les rancœurs liées au sentiment de ne pas être reconnu par les pairs exposent certains à ces actions radicales. Leur rage traduit un ressentiment global, elle explose devant ceux qui sont là, à portée de la main. Ils ne veulent pas mourir sans entraîner avec eux le maximum de leurs semblables pour leur faire payer leur indifférence. Ils souhaitent exister pleinement à travers leur acte, mais aussi dans ce qu'ils imaginent de la douleur de leurs victimes et de leurs familles.

Pétage de plombs

Certaines formes de délinquance ou de violence sont pour nombre de jeunes une façon de chercher une limite, de provoquer les adultes pour obtenir une réponse, une orientation. Certains usent aussi de la douleur physique envers eux-mêmes, avec les scarifications par exemple. Les aspects autodestructeurs en évidence dans ces conduites font écho à une recherche d'identité sollicitant à la fois l'ultime limite, c'est-à-dire la mort – la violence est toujours une forme d'ordalie : tomber sur plus fort que soi, être victime d'un règlement de compte ou être abattu par la police... – et les limites sociales, c'est-à-dire l'affrontement aux autres et à la loi, afin de prendre ses marques. Elles sont autant de tentatives d'échapper au sentiment du vide ou à l'indifférencié. Une surcharge affective impossible à symboliser, en impasse, fait « péter les plombs ». Mais le jeune parfois se fait aussi violence dans son impuissance à s'arrêter. Il devient alors prisonnier de son comportement à défaut de résoudre autrement ses difficultés. On dit d'un adolescent particulièrement agaçant qu'il « nous cherche ». En effet, il cherche parfois un adulte qui inscrive sa place dans un monde qui se dérobe à lui.

Les faits de violence tendent à se concentrer surtout dans les quartiers populaires de grands ensembles, même s'ils n'en ont pas le monopole. La dislocation des anciennes cultures ouvrières, de la société salariale, le chômage, la pauvreté endémique, la disparition des oppositions politiques qui fédéraient la colère et les revendications, la fragmentation culturelle des populations, l'inadéquation des codes sociaux de la rue en dehors des zones de précarité... Tous ces facteurs réunis ne favorisent guère le passage des jeunes à une pleine citoyenneté. Les familles monoparentales, dissociées, ou coupées de l'éducation de leurs enfants, sont souvent des traits saillants de ces problèmes de transmission. Cependant la violence relève d'une subjectivité, d'une manière personnelle d'analyser sa situation et d'y réagir.

S'instaurer les maîtres d'une territorialité

Les actes de violence sont plutôt masculins. Un garçon mal dans sa peau, et dans une éventuelle situation de précarité, a tendance à s'agripper à des modèles de virilité qu'il caricature à son insu. En afficher les signes extérieurs en les renchérissant, trouver des cibles susceptibles d'être méprisées ou dominées s'imposent parfois à lui pour se prouver que son existence vaut, malgré tout, quelque chose. Des rites de virilisation entraînent à la violence, au mépris des femmes et des « efféminés », au refus de l'école et de sa civilité et nourrissent une forme de reconnaissance mutuelle, la certitude au moins d'avoir une valeur personnelle aux yeux des pairs en dépit des circonstances. Quand le chemin n'est plus socialement balisé et laissé à l'initiative du groupe de pairs, ces conduites d'affirmation de soi esquissent une dimension initiatique d'entrée dans l'entre-soi, non dans le monde « adulte[1] ». Dans les quartiers populaires de grands ensembles, la réputation est un motif de prestige qui assure une bonne place dans la hiérarchie locale.

Beaucoup de ces faits de violence, les rixes notamment, ont pour objet le contrôle d'un territoire, ressource essentielle de l'identité de nombreux jeunes. Les garçons y font la loi, ayant investi l'espace public. Dans un monde d'extrême mobilité, l'enracinement à l'espace traduit une absence de prise sur son existence[2]. Alors nombre de jeunes s'enferment dans l'entre-soi et s'instaurent les maîtres d'une territorialité à laquelle ils sont confinés, par manque de moyens. Tout motif d'affirmer ses prérogatives est bon : la venue de jeunes d'un autre quartier, une embrouille, un regard, une insulte contre la mère ou la sœur, un garçon d'ailleurs qui voit une fille du lieu, etc. Le rappel à l'ordre des récalcitrants s'effectue à travers une violence physique pouvant aller jusqu'au meurtre.

Les filles sont minoritaires dans ces faits de violence. Elles sont impliquées dans les phénomènes de bandes adolescentes vouées à la délinquance ou au racket sur des filles plus « faibles » à leurs yeux. Lentement, leur univers se laisse pénétrer par des valeurs « viriles » les amenant à s'affirmer auprès de leurs compagnes par la force physique. Adopter cette attitude, c'est refuser d'être une « bouffonne » et afficher au contraire une réputation de « dure » qui force le respect des garçons et attise la peur des autres filles.

1- J. Katz, *Seductions of crime. Moral and sensual attractions in doing evil*, Basic Books, 1988.
2- Z. Bauman, *Le Coût humain de la mondialisation*, Hachette, 1999.

La vengeance comme leitmotiv

La dimension de la vengeance est presque toujours présente dans les justifications des tueries scolaires, on la retrouve avec récurrence dans les propos de maints djihadistes qui voient eux aussi une issue à leur sentiment d'échec ou d'insignifiance dans leur engagement meurtrier. Leur radicalisation est une renaissance, l'invention d'une identité nouvelle. Ils échappent à leur solitude en rejoignant la communauté des élus. De *losers*, ils se muent en héros d'une cause magnifique.

Nombre d'entre eux sont issus de familles abîmées (absence du père, placement en foyer, maltraitances, abus sexuels...). Ils trouvent dans leur adhésion une enveloppe protectrice, une communauté bienveillante, et une réparation aux maux qu'ils considèrent endurer depuis l'enfance. D'autres sont en quête d'aventures, d'intensité d'être, issus de milieux sociaux diversifiés.

La plupart sont dans une quête passionnée de pouvoir de vie ou de mort sur les autres, sans état d'âme, en ayant la justification de Dieu. Leur passage à l'acte est catalysé par l'idéologie dont ils se nourrissent et qui dissipe tout scrupule. Ils ont un mode d'emploi à leur ressentiment et une possibilité d'entreprendre une action glorieuse qui leur vaudra une solide reconnaissance de leurs coreligionnaires. Le djihadisme en ce sens a été une manière de faire foule pour s'autoriser au meurtre et à d'autres exactions sans état d'âme.

À défaut de se construire dans la réciprocité du lien à l'autre, les *school shooters* ou les djihadistes choisissent une inscription en porte-à-faux, une sorte d'identité de répulsion qui leur donne un sentiment fort d'existence. On retrouve chez ces jeunes tueurs une impossibilité radicale à éprouver la moindre compassion envers leurs victimes qu'ils abattent au hasard de leur cheminement ; en aucun cas ils ne peuvent s'identifier à elles. Ils n'ont pas l'impression de faire mal, ils n'ont aucun recul sur leurs actions. Dans maintes formes de violence juvénile, aucune culpabilité n'intervient, aucun regret.

D. L. B.

Punir ou prévenir la violence des jeunes?

Le droit privilégie l'éducation ou la rééducation des jeunes violents, plutôt que la répression.

Depuis la Libération, avec l'ordonnance de 1945, le droit s'affirme plus indulgent envers les mineurs en faisant le pari de l'éducation à l'encontre de la seule répression. La prison étant par ailleurs la meilleure université de la délinquance et de la violence. Mais le droit est impuissant à rétablir la fluidité heureuse du lien social, il n'en a ni les moyens ni les compétences.

Les premiers centres éducatifs renforcés à la fin des années 1990 seront, avant les centres éducatifs fermés créés en 2002, une alternative à la prison pour des mineurs ayant maille à partir avec la justice. Il ne s'agit nullement d'enfermement, c'est bien l'éducation qui est renforcée[1]. Le jeune est éloigné des lieux où il exerce ses activités, dans une situation propice pour se réinventer, construire un projet d'insertion professionnelle et sociale en lien avec les travailleurs sociaux, et sous l'égide du magistrat. Il vit dans un cadre rural détaché des signes d'allégeance à son groupe habituel (pas de casquette, pas de mobile...), dans des ritualités régulières qui assurent le repos, une bonne alimentation, un partage des tâches... Ils s'occupent d'animaux, travaillent sur de petits chantiers, font des marches, du sport, des voyages... Période de liminalité, d'entre-deux, propice à une renaissance. Le spécialiste du travail social Thierry Goguel d'Allondans note qu'un tiers des jeunes accueillis est inséré dans une formation qualifiante, voire un emploi ou un projet solide ; un autre tiers est davantage incrusté dans la délinquance ; un autre tiers ne fait plus parler de lui mais ce sont des jeunes qui continuent à se sentir mal dans leur peau. Pour ces derniers, les maisons des adolescents peuvent être des relais.

En toute rigueur, le traitement de la violence doit se faire en amont par une prévention qui implique sans complaisance la restauration de l'État de droit dans les cités. Les représentants des institutions (policiers, enseignants, médecins, infirmières, travailleurs sociaux, etc.) sont les garants de l'exigence de reconnaissance mutuelle. Le rétablissement du sentiment d'appartenance, celui de la pleine citoyenneté de tous les acteurs de la société civile, le sentiment d'exister enfin sont, avant le droit, la meilleure prévention de la violence ou de la délinquance. Les travailleurs sociaux sont aux avant-postes et, au-delà des outils de l'accompagnement au quotidien, proposent aux jeunes des activités qui les mobilisent : longues marches avec l'association Seuil[2] ou sur l'initiative des établissements, activités physiques et sportives

1- T. Goguel d'Allondans (dir.), *Éducation renforcée. La prise en charge des mineurs délinquants en France*, Téraèdre, 2008.

2- D. Le Breton, D. Marcelli et B. Ollivier (dir.), *Marcher pour s'en sortir*, Érès, 2012. Voir aussi D. le Breton, *En souffrance. Adolescence et entrée dans la vie*, Métailié, 2007.

dites à risque (escalade, alpinisme, parachutisme, etc.), voyages, animations sportives ou culturelles…
La nécessité de comprendre la turbulence et la souffrance des quartiers populaires de grands ensembles est corollaire à celle d'agir dans le sens de l'intégration, du désenclavement, de la vitalisation des lieux, d'une inventivité dans le domaine de la scolarisation afin de se battre avec acharnement contre tout échec scolaire qui est aujourd'hui le seuil du pire. Victor Hugo disait : « Ouvrez des écoles, vous fermerez des prisons. ».

D. L. B.

Bruno Humbeeck

Enrayer le harcèlement entre élèves

En France, dans les établissements scolaires, la violence semble se manifester de plus en plus souvent et de plus en plus intensément. Il est cependant difficile de faire la démonstration chiffrée d'une augmentation effective de ces situations de violence. En effet, celle-ci peut être liée à une plus grande sensibilité des familles, de l'école et des médias à ce phénomène.

Si on analyse les données de la littérature reprenant par exemple le pourcentage d'élèves qui s'estiment victimes ou impliqués dans une situation de harcèlement[1], celui-ci peut varier de 10 à 20 %. Les chiffres n'ont donc, de ce point de vue, pas beaucoup de sens.

En revanche, les faits répertoriés sont révélateurs de la façon dont les violences se manifestent. La récurrence des situations dans lesquelles un élève est passé à tabac par une meute qui s'est donné rendez-vous sur les réseaux sociaux pour piéger la victime constitue l'indice d'une modalité à la fois plus brutale et plus spectaculaire des formes contemporaines de violence scolaire.

L'école, parce qu'elle est à la fois le miroir de notre société et l'incubateur de son avenir, ne peut demeurer insensible. Comment faire face à ce trouble qui menace les fondations de l'école? Il la rend invivable pour ceux qui le subissent – notamment lorsqu'il prend la forme de situations de harcèlement –, et pèse sur ses murs chaque fois qu'un membre de la communauté scolaire – directeur d'école, enseignants ou élèves – se sent menacé dans sa sécurité physique et psychologique.

1- **Harcèlement** Toute situation, réelle ou virtuelle, provoquée par un rapport de force disproportionné qui engendre chez la victime une souffrance émotionnelle durable ou intense, due à des comportements de soumission vécus comme humiliants ou discriminants, et aggravée par un sentiment d'impuissance.

Le programme « pHARe »

En France, des mesures de sensibilisation ont été adoptées. Toutefois, de nombreuses initiatives véhiculent soit une vision partielle du phénomène de harcèlement, soit une méconnaissance profonde des mécanismes qui fondent ces situations. Parmi une des plus récentes, le programme « pHARe », lancé en 2021 et généralisé à tous les établissements scolaires du primaire au lycée depuis la rentrée 2023, est inspiré de la méthode de préoccupation partagée. Cette méthode, venue de Norvège, suppose de mettre les harceleurs face à leurs responsabilités en leur demandant, dans un entretien en face-à-face, de se préoccuper, tout autant que l'adulte qui les interpelle, de l'état dans lequel se trouve celui qui est la cible de l'agression.

Cette technique n'a pas fait ses preuves en France pour aborder les situations de cyberharcèlement. Néanmoins, elle a permis d'obtenir de bons résultats dans les pays du Nord de l'Europe dans lesquels le statut de l'enseignant est mieux considéré qu'en France ou en Belgique.

Cette corrélation entre le statut de l'enseignant et son pouvoir de mettre les élèves face à leurs responsabilités s'explique aisément : il est incontestablement plus facile d'imposer une attitude responsable quand on se sent soi-même respecté par les élèves et par leurs familles parce que le statut dont on dispose ne risque pas d'être remis en question ni par les uns ni par les autres. On peut dès lors regretter que la « boîte à outils » fournie aux écoles soit en réalité composée d'un seul outil et que l'autonomie des directeurs d'école et des enseignants ne leur permette pas de choisir, parmi d'autres options, celles qui leur conviennent le mieux.

Au-delà du programme « pHARe », trois autres dispositions prises dans le climat d'urgence politique du tout début de l'année scolaire indiquent que les réalités psychologiques et pédagogiques du harcèlement et des autres formes de violence intrascolaire n'ont été que très faiblement prises en considération : le « cours d'empathie » ; la confiscation des portables du cyberharceleur ; l'exclusion du harceleur amené à changer d'école pour permettre au harcelé d'y demeurer…

Des cours d'empathie ?

Les « cours d'empathie » constituent l'exemple typique d'une mesure *a priori* intéressante, mais qui si elle se limite à un simple

« copier-coller » théorique d'une pratique empruntée au modèle danois n'aura que peu d'impact sur le harcèlement.

En effet, le « modèle danois » s'appuie sur l'ancrage communautaire, une composante essentielle de l'ensemble de la société. Décontextualisés, les cours d'empathie (surtout s'ils sont envisagés de façon essentiellement théoriques) ne pèsent d'aucun poids dans le développement des enfants. En revanche, envisagée dans un contexte pédagogique au sein duquel les apprentissages collectifs ont autant d'importance que les apprentissages individuels, l'empathie qui va se développer naturellement gagnera à être stimulée de façon plus ciblée.

C'est ce qui explique par exemple que quand un parent belge ou français demande à son enfant à la sortie de l'école « Tu as bien travaillé ? » ou « Tu as eu des bons points ? », un parent danois dit : « Qu'avez-vous appris tous ensemble ? » Cette question laisse entendre que les apprentissages ne sont pas individuels mais collectifs. Stimuler l'empathie des élèves n'est évidemment pas une mauvaise option en soi. Cependant, il ne suffit pas de l'enseigner ; il faut la rendre active en faisant en sorte qu'elle stimule au sein des groupes classes des mécanismes de compassion. Voilà donc une mesure qui va certes dans le bon sens, mais insuffisamment pour espérer aboutir à des résultats concrets.

Confisquer les portables ?

La mesure qui vise à confisquer les portables des élèves coupables de cyberharcèlement est plus contestable encore : non seulement elle ne va pas dans le bon sens, mais elle est complètement inappropriée face aux mécanismes qui fondent le cyberharcèlement, lequel prend essentiellement appui sur une agressivité hiérarchique aggravée par un effet de meute. Il est difficile d'imaginer dans un tel contexte que la confiscation du portable d'un agresseur clairement identifié puisse être une solution… Il faudrait pouvoir confisquer les portables de toute une classe ou d'une grande partie de celle-ci. Une telle mesure est difficilement imaginable et aurait, par ailleurs, sur la victime, un effet délétère difficilement contrôlable compte tenu de la pression que la classe ferait peser sur elle.

En outre, il ne faut jamais perdre de vue que le portable n'est que le support de l'agression. L'élève qui en est privé trouvera sans doute rapidement une alternative.

Exclure les harceleurs ?

Voici encore une fausse bonne idée! Exclure le harceleur revient en effet à réduire le harcèlement à un schéma simpliste et faux : celui qui opposerait un « méchant » et un « gentil ». Et ce alors que la situation de harcèlement met en scène un « dominant » – et tous ceux qui lui reconnaissent ce statut – et un « dominé » qui est mis par le groupe en position de se soumettre.

Outre le fait que l'élève harceleur n'est jamais un élève isolé puisqu'il est généralement question d'un phénomène de groupe, il faut tenir compte du fait qu'il jouit généralement, contrairement au harcelé, d'un prestige important au sein de la classe. L'exclure suppose souvent de mettre le harcelé dans une position inconfortable à l'égard de la classe chaque fois qu'il entendra des commentaires du style : « Lui, on l'appréciait et à cause de toi il n'est plus là, alors que toi, on ne peut pas te supporter et malheureusement tu es toujours parmi nous... »

Comme on le voit, la lutte contre les violences à l'école prend la forme d'un combat permanent qui doit le moins possible ajouter de la violence à la violence. Les solutions simplistes qui prétendent qu'il suffit de restaurer l'autorité pour en venir à bout sont vouées à l'échec parce qu'elles ne prennent pas en considération la nature complexe des phénomènes qu'elles prétendent éradiquer. C'est dans la pluralité des méthodes utilisées qu'on parvient le mieux à contrôler le problème de la violence scolaire en tenant compte de toutes ses composantes et en préservant le rôle éducatif de l'institution scolaire.

Conseils d'éducation et espaces de parole : l'expérience wallonne

Dans la Fédération Wallonie-Bruxelles, deux mesures ont été mises en place pour enrayer la violence entre les jeunes. Du primaire au lycée, les conseils d'éducation composés de représentants de la direction de l'établissement scolaire et d'enseignants permettent d'apprendre aux jeunes à respecter les lois. Le Conseil émet des sanctions après que l'élève susceptible d'avoir commis l'acte transgressif se soit expliqué à un « porte-voix », c'est-à-dire un adulte de la communauté scolaire qu'il a choisi. Ces sanctions sont probatoires (elles contrôlent le comportement dans la durée) et/ou réparatrices (uniquement dans le cas où la faute est avérée), tandis que la connaissance des motifs de la transgression permet à l'équipe éducative d'agir sur eux.

Second outil, les espaces de parole régulés permettent la mise en place au sein de chaque classe d'un espace d'expression protégé au sein duquel l'émotion de celui qui s'exprime ne peut être contestée ni dans sa légitimité (le droit de chacun d'éprouver une émotion) ni dans son intensité (le droit que chacun possède d'éprouver cette émotion avec l'intensité qu'il souhaite). Cette protection de la prise de parole expressive (personne ne juge ou n'accuse, la solution est coconstruite entre les élèves et l'adulte s'abstient de toute préconisation) provoque une inévitable contagion émotionnelle au sein du groupe grâce à laquelle les mécanismes de compassion sont activés.

Ces deux outils complémentaires permettent d'agir dès qu'il est question non seulement de construire du « vivre-ensemble » au sein de l'institution scolaire, mais aussi d'y faire société.

B. H.

La prévention des violences scolaires en Europe

En Europe, on distingue principalement cinq méthodes de prévention des violences scolaires :

1. Agir sur le climat scolaire. Ces méthodes sont notamment diffusées en Belgique (Fédération Wallonie-Bruxelles), en Suède, au Danemark, en Norvège, en Islande (avec le programme «Life Skills»), en Finlande et aux Pays-Bas. Elles privilégient la stimulation des compétences psychosociales des élèves (l'empathie, l'estime de soi, la prévenance, la politesse, etc.), susceptibles d'avoir une influence positive sur le climat de la classe.

2. Responsabiliser les élèves. Plusieurs pays (dont l'Autriche, l'Italie et le Royaume-Uni) encouragent le développement de compétences en matière de résolution de problèmes en cherchant à stimuler l'amour-propre des élèves. C'est le cas du dispositif « Pathways » en Irlande : un programme scolaire obligatoire qui intègre au cursus des élèves un ensemble de compétences sociales et morales qui permettent de prévenir les situations de violence. Le diaporama de « Nuutinen » en Finlande vise à modifier l'attitude des élèves en créant visuellement un effet de choc qui fait ressortir le caractère inacceptable de la violence.

3. Encourager les comportements positifs. Dans certains pays (Autriche et Pays-Bas), les classes sont dotées d'un règlement écrit qui traite de la violence et encourage les comportements positifs.

4. Former contre la violence scolaire. Plusieurs pays comme l'Irlande ou l'Espagne déclarent organiser des actions de formation spécifiques. Certains, comme le Royaume-Uni, fournissent aux enseignants une information et du matériel spécifique (dossier de lutte contre les brimades).

5. Instaurer des mesures sécuritaires. En Autriche, en Espagne et au Royaume-Uni, des lignes téléphoniques permettent aux élèves de demander conseil de manière anonyme. Dans d'autres pays comme en Finlande, les élèves vulnérables sont équipés de bracelets électroniques munis d'une alarme qui peut être activée en cas de menace ou d'attaque. Le dispositif « Safe Schools » lancé au Portugal depuis 2018 permet de réagir rapidement face aux actes de violence en faisant appel à des vigiles scolaires ; les conditions générales de sécurité y sont renforcées en ce qui concerne les armes et l'entrée de personnes non autorisées, avec recours à la vidéosurveillance. Ces méthodes dites « sécuritaires », parfois indispensables dans certaines situations, montrent systématiquement leurs limites dès qu'il s'agit d'améliorer

l'ambiance de l'école et l'atmosphère propice à la construction du vivre-ensemble.
D'une manière générale, les dispositifs les plus performants privilégient l'hybridation des différentes méthodes : en mettant à la disposition des enseignants des outils variés qui permettent à la fois d'agir sur le climat scolaire et de responsabiliser les élèves ; en agissant sur l'école dans son ensemble, en instaurant un environnement sécuritaire qui ne nuit pas à l'atmosphère de l'école et en proposant aux équipes un programme de formation qui tient compte des réalités auxquelles ils sont confrontés dans leur classe et au sein de l'école.

B. H.

Pour aller plus loin

- *Aménager la cour de récréation en un espace où il fait bon vivre*, Bruno Humbeeck, Willy Lahaye et Maxime Berger, De Boeck, 2019.
- *Le Harcèlement scolaire. Guide pour les parents*, Bruno Humbeeck, Odile Jacob, 2023.
- *La Violence au jour le jour*, Bruno Humbeeck, Genèse éd., 2024.
- « La violence à l'école : perspectives européennes », OCDE (en ligne).

Hugo Albandea

Les réseaux sociaux, une caisse de résonance de la violence

Dans le débat public, l'idée que les réseaux sociaux favorisent la diffusion de discours ou de comportements haineux est très répandue. À l'été 2023, alors que des émeutes secouent la France, plusieurs politiques demandent à en restreindre l'accès. Les événements, déclenchés par la mort du jeune Nahel, ont été mis en scène sur Snapchat ou TikTok. Les images de bâtiments en flammes ont pu accélérer les rassemblements des jeunes (notamment grâce à la géolocalisation), banaliser les actions, voire inciter au mimétisme.

Selon le rapport d'information « Prévenir la délinquance des mineurs » déposé au Sénat en septembre 2022, magistrats et procureurs soupçonnent un impact non négligeable des réseaux sociaux sur les violences commises par les jeunes. Le rapport en distingue plusieurs types : la violence scolaire (les altercations entre élèves peuvent se poursuivre jusque dans l'intimité de la chambre avec le cyberharcèlement) ; l'organisation d'affrontements physiques entre jeunes ; les extorsions et les chantages sexuels, souvent après avoir obtenu des photographies intimes des victimes ; et enfin le *happy slapping*, qui consiste à filmer ou photographier une agression physique et la diffuser sur les réseaux sociaux ensuite.

Toutefois, ces conclusions proviennent d'observations de terrain par la Direction générale de la gendarmerie nationale. Aucune étude n'est capable d'évaluer de manière fiable l'effet des réseaux sociaux sur les violences juvéniles. « Les pouvoirs publics manquent cruellement de connaissances sur les effets des réseaux sociaux sur la délinquance », conclut le rapport. Catherine Blaya, chercheuse en sciences de l'éducation, et Séverine Erhel, chercheuse en psychologie cognitive, confirment : impossible de répondre clairement à cette question.

Pour autant, les comportements des jeunes sur les réseaux sociaux ont été étudiés. 95 % des plus de 14 ans possèdent un smartphone et, comme le souligne le psychologue Yann Leroux, ils constituent un espace « à l'abri du regard des adultes », ce qui les rend suspects, voire dangereux. Les travaux de Bérangère Stassin et Anne Cordier[1] en sciences de l'information et de la communication tendent à montrer que les réseaux sociaux sont surtout une caisse de résonance de la violence. La bagarre du vendredi au collège sera le spectacle du week-end. Inversement, le harcèlement en ligne du dimanche donnera lieu à des brimades le lundi matin dans la cour. Les réseaux sociaux ont créé un continuum entre la violence en face à face et la cyberviolence, comme le confirme la sociologue Margot Déage dans *À l'école des mauvaises réputations* (PUF, 2023).

Ces cyberviolences prennent des formes multiples. Les spécialistes, à l'instar de Catherine Blaya, s'accordent sur la typologie suivante, qui rejoint en partie celle du rapport du Sénat : 1. exclusion ou bannissement d'une liste ou d'un groupe de diffusion ; 2. usurpation d'identité ; 3. violence verbale ; 4. médiatisation de la violence physique ; 5. violence sexuelle ou pornodivulgation (qui consiste à diffuser un document à caractère sexuel sans consentement : messages explicites, photos de personnes nues, vidéos pornographiques, etc.). Toutes ces violences peuvent être exercées via des messageries en ligne ou des médias sociaux. 20 % des élèves en auraient été victimes[2].

Selon une enquête menée par Bérangère Stassin dans la région Grand-Est, les pratiques sont ancrées dans les stéréotypes de genre, le sexisme, l'homophobie et le racisme[3]. En particulier, l'étude met en lumière l'omniprésence de la pornodivulgation chez les adolescents confrontés à ces violences : les filles sont poussées à envoyer des sextos, messages à caractère sexuel avec ou sans images, puis subissent des campagnes d'injures une fois les contenus diffusés à leur insu.

Les cyberviolences peuvent ainsi dériver vers du cyberharcèlement, particulièrement délétère pour les jeunes : anxiété, dépression, stress post-traumatique, voire risque suicidaire. Les données de l'Organisation mondiale de la santé, de 2018 à 2022, montrent

1- B. Stassin et A. Cordier, « Les réseaux sociaux altèrent les liens sociaux des adolescents » , *in* A. Cordier et S. Erhel (dir.), *Les Enfants et les écrans*, Retz, 2023.

2- B. Stassin, « Le cyberharcèlement à l'école : état des lieux et perspectives éducatives », 2019.

3- B. Stassin, « La cyberviolence à l'école : "C'est une réalité, il y a eu un cas dans ma classe". Étude exploratoire dans la région Grand-Est », *in* V. Carayol et A. Laborde, *Incivilités numériques. Quand les pratiques numériques reconfigurent les formes de civilité au travail*, De Boeck, 2021.

une augmentation inquiétante du cyberharcèlement, puisque les garçons sont désormais 14 % (contre 11 % précédemment) et les filles 9 % (contre 7 %) à harceler sur Internet[4]. « Des recherches récentes montrent que certains designs de plateformes peuvent de manière subtile amplifier le cyberharcèlement », explique Séverine Erhel. Ainsi, le fait que les profils des utilisateurs soient accessibles publiquement permet d'exploiter des informations privées. La possibilité de modifier un contenu après publication peut être utilisée pour diffuser un propos insultant, puis nier. « En ligne, une forme de désinhibition a été mise en évidence : quand on ne voit pas la personne, on se sent protégé », ajoute la chercheuse.

Comment enrayer la mécanique ? Pour Bérangère Stassin, l'éducation aux médias doit apprendre aux jeunes comment gérer leur identité numérique et leur rapport aux écrans. Celles et ceux qui ont des usages débridés des réseaux sociaux ont le plus de risques d'être à la fois victimes et auteurs de cyberviolences. Au-delà du numérique, la prévention du sexisme, des violences sexuelles, des discriminations, est également un levier. « L'objectification des filles est un prédicteur des violences sexuelles. Il faut absolument travailler sur cet aspect », préconise Séverine Erhel.

4- www.who.int/europe/fr/news/item/27-03-2024-one-in-six-school-aged-children-experiences-cyberbullying–finds-new-who-europe-study

Sixième partie

Les violences sexuelles

Justine Canonne

Comment mieux protéger les femmes ?

En mars 2020, une semaine après le début du premier confinement lié à la pandémie de Covid-19, le ministère de l'Intérieur relevait une hausse significative des signalements de violences conjugales en France. L'augmentation la plus forte, enregistrée dans la capitale, atteignait 36 % par rapport à la semaine précédente. Le confinement du printemps 2020 a ainsi remis sur le devant de la scène le phénomène des violences conjugales, les victimes se retrouvant, dans le huis-clos des foyers, dans un face-à-face permanent avec leur agresseur. Les violences conjugales ne forment néanmoins que l'une des pièces du vaste continuum dans lequel s'inscrivent les violences envers les femmes, dans la sphère privée, professionnelle, en ligne, dans l'espace public : comportements sexistes, harcèlement sexuel, agressions, viols, féminicides (chiffres-clés ci-dessous)...

Des facteurs individuels...

Dans plus de la moitié des cas de morts violentes au sein du couple recensés en 2020, la présence d'au moins une substance (alcool, stupéfiants, médicaments psychotropes...) susceptible d'altérer le discernement de l'auteur et/ou de la victime était constatée au moment des faits[1]. Les principaux mobiles identifiés – la dispute ou le refus du conjoint de se séparer de sa conjointe – sont « avant tout révélateurs d'une volonté d'emprise et de contrôle de l'auteur sur sa partenaire », pointe la Mission interministérielle pour la protection des femmes contre les violences (Miprof).

Par ailleurs, les études psychologiques sur les auteurs de violences conjugales dévoilent souvent chez ces derniers des traits de personnalité « dysharmoniques » (immaturité affective,

1- Ministère de l'Intérieur, « Étude nationale sur les morts violentes au sein du couple », 2020.

impulsivité, défaillance narcissique...), des formes d'attachement insécure, ou encore des carences affectives et éducatives (négligence, maltraitance...) durant l'enfance[2]. De telles caractéristiques se traduisent par une incapacité à établir une relation de confiance réciproque fondée sur la parole et l'écoute.

Le psychiatre Roland Coutanceau distingue trois profils de personnalité d'hommes violents[3] : un premier profil, minoritaire, d'hommes à même de reconnaître leurs actions, semblant souffrir d'une certaine manière de ce qu'ils ont fait, parfois sensibles au regard de leur compagne ou leurs enfants ; un deuxième profil, majoritaire, d'individus présentant les traits dysharmoniques évoqués, tendant à minimiser ou banaliser leurs actes, plus préoccupés des effets de ces derniers pour eux-mêmes que du ressenti de la victime ; un dernier profil d'auteurs aux prises avec d'importantes difficultés pour vivre leur vie de manière autonome, marqués par l'égocentrisme, des dynamiques paranoïaques ou des aspects mégalomaniaques, privilégiant l'emprise dans leur approche d'autrui.

Loin d'être une fatalité, cette violence « ne résulte pas d'un déterminisme défini », soulignent les chercheuses Christelle Ferraty-Giacardi et Alexia Delbreil, plusieurs facteurs, qu'ils soient psychologiques ou sociaux, intervenant dans son émergence.

...aux causes structurelles

Les violences envers les femmes s'enracinent aussi dans la permanence de rapports sociaux de genre inégalitaires. « Les harceleurs se recrutent dans tous les milieux et à tout âge, ils adhèrent à une vision inégalitaire et sexiste de la société, considérant les femmes comme des personnes de moindre valeur, inférieures, à leur disposition, et n'ayant pas les mêmes droits qu'eux », soulève ainsi la psychiatre Muriel Salmona, spécialiste du harcèlement et des violences sexuelles[4].

Activistes et chercheuses féministes soulignent en parallèle l'existence d'une culture du viol[5], concept forgé dans les milieux militants outre-Atlantique dans les années 1970 puis repris dans

2- C. Ferraty-Giacardi et A. Delbreil, « Caractéristiques du fonctionnement psychique des auteurs de violences conjugales », *Perspectives Psy*, n° 56, 2017/4.

3- *Ibid.*

4- M. Salmona, *Le Harcèlement sexuel*, PUF, coll. « Que sais-je ? », 2019.

5- **Culture du viol** : attitudes et croyances généralement fausses, mais répandues et persistantes, permettant de nier et de justifier l'agression sexuelle masculine contre les femmes. Il est question de « culture » dans la mesure où ces idées reçues et imaginaires autour du viol, se transmettant génération après génération, imprègnent la société.

la sphère académique à partir des années 1990. La culture du viol décrit l'aveuglement collectif sur la réalité des viols et des agressions sexuelles, concourant d'une part à mépriser et à culpabiliser les victimes et, d'autre part, à déresponsabiliser les violeurs. « Dans l'esprit de la plupart des gens, il existe une image du viol "type" qui serait le seul "vrai viol" : il est commis par un étranger armé et fou, s'accompagne de beaucoup de violence physique, se produit la nuit dans une ruelle sombre ou un parking (…) Et quand le viol ne correspond pas à ce viol stéréotypé, la victime subit le blâme », explique notamment la chercheuse Noémie Renard[6].

Or, le viol est en réalité « un crime de proximité », la plupart étant perpétrés dans l'espace privé – dans plus de 90 % des cas de viol ou de tentative de viol, la victime connaît son agresseur. Plusieurs autres « mythes » sur le viol profondément ancrés dans l'imaginaire des sociétés ont été identifiés par la recherche[7] : un premier mythe prégnant veut que les femmes accusent souvent les hommes de viol à tort ; un deuxième prétend que les victimes auraient pu résister si elles n'étaient réellement pas consentantes ; un troisième promeut l'idée qu'une femme est partiellement responsable de son viol si elle s'habille de manière jugée trop « sexy » ou si elle a plusieurs partenaires sexuels.

Des politiques de prévention à renforcer

Est-il alors véritablement possible d'en finir avec les violences envers les femmes ? La dénonciation publique des violences sexistes et sexuelles, par le mouvement #MeToo et son corollaire français #BalanceTonPorc en 2017, a vu poindre une libération progressive de la parole chez certaines victimes. Le Grenelle contre les violences conjugales en 2019, puis l'urgence liée au premier confinement de 2020 ont entraîné quelques améliorations en termes de politiques publiques : lancement de la plateforme en ligne de signalement « Arrêtons les violences » ; accélération du déploiement des téléphones « grave danger » pour les victimes ; priorisation du traitement judiciaire des cas de violences conjugales…

Des collectifs et associations féministes appellent à aller plus loin, vers une politique plus ambitieuse et globale, pointant l'exemple espagnol. À travers sa loi de 2004 de protection intégrale contre la violence de genre, l'Espagne a notamment instauré

6- N. Renard, *En finir avec la culture du viol*, 2e éd., Petits matins, 2021.

7- K. Lonsway et L. Fitzgerald, « Rape myths. In review », *Psychology of Women Quarterly*, n° 18, 1994.

des unités de police et des tribunaux spécialisés dans le traitement des violences envers les femmes, un système informatique national de suivi et de protection des victimes, ou encore déployé largement des bracelets électroniques antirapprochement pour les auteurs de violences… Ces mesures offrent des résultats probants, le nombre de féminicides ayant baissé depuis leur mise en œuvre, pour s'établir autour de 50 par an, contre plus d'une centaine en France. En amont, la prévention et la sensibilisation contre les préjugés sexistes, dès le plus jeune âge, apparaissent centrales. Ce, afin d'éviter que s'ancrent chez les hommes, une fois adultes, des comportements de domination favorisant l'émergence de violences contre les femmes.

Les violences envers les femmes en France

- **118** femmes ont été tuées par leur partenaire ou ex-partenaire de vie en 2022.
- **94000** : nombre estimé de femmes âgées de 18 à 75 ans victimes de viol et/ou de tentatives de viol, en moyenne, au cours d'une année.
- **213000** : nombre estimé de femmes âgées de 18 ans à 75 ans victimes de **violences physiques et/ou sexuelles** commises par leur conjoint ou ex-conjoint, en moyenne, au cours d'une année.
- Seules **12 %** des victimes de viol et/ou de tentative de viol portent plainte à la suite des faits.
- **55 %** des Françaises déclarent avoir été confrontées à au moins une forme de **violence sexiste ou sexuelle au travail** (avances, gestes, propos obscènes…) au cours de leur carrière.
- **81 %** des femmes ont déjà été confrontées, au cours de leur vie, à **au moins une forme d'atteinte ou d'agression sexuelle** (attouchements, exhibitionnisme, sifflements, regards insistants…) **dans la rue ou les transports en commun.**

Source

- Enquête « Cadre de vie et sécurité », Insee, 2019.
- « Les Françaises et le harcèlement dans les lieux publics », Ifop, 2018.
- « *#MeToo*, deux ans après… », étude Ifop pour la fondation Jean-Jaurès et la FEPS, 2019.
- « Étude nationale sur les morts violentes au sein du couple pour l'année 2022 », Ministère de l'Intérieur, 2023.

L'invisibilisation des violences féminines

Guerrières, émeutières, criminelles… Autant de figures féminines « invisibilisées » à travers les sociétés et les époques. « Pourquoi demeure-t-il jusqu'à nos jours un "impensé" autour des violences féminines ? » interrogent les sociologues Coline Cardi et Geneviève Pruvost[1]. En raison d'un présupposé selon lequel les femmes ne sauraient commettre d'actes violents, perdure par exemple une « loi du silence » autour de la pédophilie féminine, préservant l'idéal féminin de la maternité et confortant l'assignation des femmes aux métiers du care. Quand elle n'est pas niée, la violence féminine est euphémisée : requalification des faits, jugés au civil plutôt qu'au pénal, moindre enfermement carcéral que les hommes…

Une autre grille d'interprétation du phénomène tend à « déresponsabiliser » les femmes de leurs actes, soit en raison d'une nature féminine jugée « excessive », « irrationnelle » – incarnée par la figure de « l'hystérique » –, soit parce qu'elles seraient instrumentalisées par des hommes. Les femmes kamikazes du Proche-Orient sont ainsi souvent perçues comme « manipulées », même lorsque leurs dernières volontés montrent une revendication de libération du territoire. N'est-il pas temps de proposer une autre lecture, plus juste, soulèvent les chercheuses, celle de l'émancipation, permettant de « dénaturaliser », « dépsychologiser » et « repolitiser » les violences féminines ? Ce qu'illustrent des mobilisations comme celle du Gulabi Gang, fondé en 2006 en Inde par des femmes de basses castes en sari rose, retournant l'arme du bâton pour se venger de policiers refusant d'enregistrer leur plainte.

J. C.

1- C. Cardi et G. Pruvot, *Penser la violence des femmes*, La Découverte, 2017.

Les contours d'une organisation reflexiveuelle prise en charge pour les hommes violents ?

Les dispositifs d'accompagnement des auteurs de violences envers les femmes restent rares en France. C'est dans le contexte du premier confinement de 2020, qui a vu bondir les signalements pour violences conjugales, qu'ont été initiés des dispositifs d'urgence à l'attention des conjoints : une ligne d'écoute « Ne frappez pas », ainsi qu'une plateforme nationale pour orienter les auteurs de violences vers un hébergement.
Pérennisés, ces dispositifs répondent à de réels besoins, alertent de longue date les associations de lutte contre les violences envers les femmes : l'absence d'alternative au domicile conjugal empêche en effet certaines victimes de sortir de la relation, ou alors au prix d'une grande précarité en matière d'habitat. Ces associations plaident donc pour généraliser l'éviction du logement de l'auteur des violences, assortie d'un accompagnement socio-psychologique adapté, en lien avec l'autorité judiciaire, en vue de prévenir la récidive.
Les acteurs associatifs avaient déjà en partie obtenu gain de cause lors du Grenelle contre les violences conjugales de 2019. Parmi les mesures issues de cette concertation avec les pouvoirs publics figure la création de centres de suivi et de prise en charge des auteurs de violences conjugales (CPCA). Ces centres ont vocation à proposer aux hommes concernés des parcours de prise en charge sous forme d'accompagnement psychothérapeutique, de groupes de parole, de stages de responsabilisation… Si des associations socio-judiciaires portaient déjà quelques dispositifs de ce type en France, les CPCA visent à systématiser cette prise en charge dans chaque région.

J. C.

Jean-François Marmion

Violences conjugales : les bourreaux immatures

En France, une femme meurt sous les coups de son conjoint tous les deux jours. Et pas par accident, comme un coup de tonnerre imprévisible dans un couple habituellement sans histoires. Plutôt comme la crise de trop, au sein de violences ordinaires de plus en plus paroxystiques. Les violences conjugales non mortelles concerneraient chaque année 600 000 femmes. Dans *Le Livre noir des violences sexuelles*[1], le Dr Muriel Salmona rapporte que 30 % des viols subis par les femmes seraient le fait de leur conjoint, mais que seules 2 % de ces agressions seraient dénoncées. Tandis que, toujours au sein du couple, 20 % des violences physiques non sexuelles feraient, elles, l'objet d'une plainte. Et précisons que les victimes des violences conjugales ne sont pas toutes des femmes : environ 10 % sont des hommes battus. Si certains sont sous l'emprise d'une dominatrice, d'autres récoltent ce qu'ils sèment, puisqu'une femme sur quatre rend les coups…

Des « infirmes de la parole »

Un préjugé voudrait que la violence conjugale soit l'affaire des plus précaires. Or ce n'est pas le cas : « On retrouve la violence conjugale dans toutes les catégories sociales, économiques, culturelles, en milieu urbain ou rural, quel que soit le contexte éducatif ou religieux », indique Widiane Diane Chakkouche, docteure en psychologie clinique, qui a exercé à l'Institut de victimologie de Paris et accueille actuellement des victimes à Casablanca.

Depuis 2006, Liliane Daligand, psychiatre, professeure émérite de médecine légale à l'université Lyon-1 et auteure de *Violences conjugales en guise d'amour*[2], travaille en lien avec le parquet de Lyon. Les centaines de victimes qu'elle a écoutées appartiennent bien à toutes les catégories sociales. Parmi les conjoints violents,

1- Dunod, 2013.
2- Albin Michel, 2006.

très peu sont au chômage, quelques-uns sont même médecins ou avocats. Environ un tiers d'entre eux ont eu des parents violents, envers leurs enfants ou entre eux. Et beaucoup seraient des « immatures », des « infirmes de la parole », jaloux de leur compagne et de leur capacité à s'exprimer, et qui semblent avoir recours à la violence faute de mieux pour s'affirmer. L'alcool est présent dans 30 % des cas : il aide à passer à l'acte, mais ne cause pas, en soi, la violence. *Quid* des fameux pervers narcissiques, ces manipulateurs froids qu'on nous dépeint à longueur d'ouvrages alarmistes ? « J'ai dû en voir un seul », estime Liliane Daligand.

En réalité, la majorité des hommes violents semblent très malheureux de se comporter ainsi. Mais ils estiment ne pas savoir faire autrement, et c'est pour eux une bien triste façon d'aimer. « Bien sûr, ce n'est pas un amour basé sur la générosité et l'épanouissement de l'autre. Nous sommes dans le registre du “Elle me doit tout, elle doit tout faire pour moi, surtout ne pas s'intéresser à sa vie à elle, à sa profession, à ses enfants” », explique Liliane Daligand. Laquelle raconte encore que lors du procès d'une femme accusée d'avoir tué son mari violent, les témoins ne pouvaient comprendre le scénario : « Ils disaient tous que c'était un bon voisin, “si gentil, si serviable”. Ils ne voulaient pas entendre qu'une fois la porte fermée, il pouvait être tout autre. C'est ce que disent fréquemment les femmes : “Il est peut-être gentil à l'extérieur, mais quand il est avec moi, il est totalement transformé.” »

Tout comme la violence à l'encontre des enfants, la violence conjugale ne se limite pas aux coups, rappelle Widiane Diane Chakkouche : « Il existe plusieurs formes de violence. La violence physique, avec des coups, de poings ou de ceinture, par exemple. Mais aussi la violence sexuelle, ou psychologique, avec des attaques verbales, de l'intimidation, qui finissent par faire perdre l'estime de soi et poussent à l'isolement social. Sans oublier la violence économique, à savoir le vol ou la fraude pour soutirer de l'argent au partenaire, la violence spirituelle ou religieuse… »

À ce sujet, peut-on considérer qu'une femme soumise contre son gré à certaines pratiques – port du voile ou autre – est victime de violence conjugale ? « C'est une forme de violence, dès lors que la femme est contrainte », estime Widiane Diane Chakkouche. Liliane Daligand abonde dans ce sens : « Si c'est contre son gré, bien sûr. En 2000, l'enquête Enveff (Enquête nationale sur les violences envers les femmes en France) a révélé qu'il y avait davantage de violence dans les couples mixtes. D'ailleurs, plus une famille est intégriste, quelle que soit sa religion, plus la violence est au rendez-vous. Les femmes cumulant le plus de facteurs de risques sont celles venant de l'étranger : elles ont des problèmes économiques, culturels, et ne maîtrisent pas la langue. Je me souviens d'un conjoint intégriste qui avait exigé que l'expert chargé d'examiner son épouse soit une femme. Ce fut moi. Il a refusé de me serrer la main quand je les ai accueillis. »

Par ailleurs, un thérapeute doit-il conseiller à une victime de quitter son conjoint ? Liliane Daligand est formelle : « Pour moi, c'est net : si une femme est victime et harcelée, il faut qu'elle parte. Il faudrait toujours le faire dès les premiers coups. Les hommes violents demandent pardon, deviennent gentils, et couvrent de cadeaux… et puis ça recommence, sans fin, parfois jusqu'à la mort de l'un ou de l'autre. » Cependant, Widiane Diane Chakkouche est plus nuancée : « Conseiller la rupture ? Non. En tant que psychologues, nous sommes là pour favoriser une prise de conscience, un cheminement, accompagner le cas échéant le contact d'une association ou une procédure judiciaire pour se faire reconnaître comme victime, mais pas pour conseiller de rompre ou de ne pas rompre. C'est plus compliqué que ça. »

Une escalade insidieuse

Dans l'idéal, oui, il faudrait partir à la première gifle. Mais ce n'est pas si simple, indépendamment même du sentiment amoureux. « La violence conjugale est un processus en plusieurs étapes, analyse Widiane Diane Chakkouche. Les victimes ne se rendent pas toujours compte qu'elles entrent dans un cycle. Au début, tout se passe bien. Et puis vient une gifle. Mais elles se disent que ce n'est pas si grave, que ça peut arriver. S'ensuit une série d'actes répétitifs, une escalade qui fait que les victimes tolèrent peu à peu, dans une certaine banalisation, des situations de plus en plus violentes, qu'elles n'auraient pas acceptées quelque temps plus tôt. Elles vont espérer que ça va changer, que ça va s'arrêter. » Qu'elles amenderont leur conjoint. Vainement, en règle générale. C'est une des raisons pour lesquelles il leur est souvent difficile de porter plainte. Et puis, elles sont amoureuses malgré tout, redoutent les représailles (formulées par des phrases comme « Si tu me quittes, je te tue »), restent pour les enfants… Pire, certaines pensent avoir mérité ce qui leur arrive. « La culpabilité fait partie de ce cycle, note Widiane Diane Chakkouche, parce que l'agresseur en joue, humilie la victime, l'infériorise. »

Le processus se renforce pour peu que la violence semble familière, voire ordinaire, aux deux protagonistes : au conjoint violent, s'il a lui-même été victime ou témoin de violences parentales ; et à sa victime, qui parfois n'en est pas à sa première expérience en la matière, et pour qui il est normal, par exemple, que la jalousie de l'autre s'exprime ainsi, comme une preuve d'amour.

Parmi les femmes dont Liliane Daligand s'occupe, dans un centre d'hébergement situé à Villeurbanne, une sur dix parvient à quitter son conjoint… pour se remettre en couple avec un autre tout aussi violent.

Il faut alors aider à répondre à certaines questions, comme : « Pourquoi je ne tombe que sur des hommes violents ? » C'est là qu'une psychothérapie peut jouer un rôle précieux.

Maryse Jaspard

Où commence le viol ?

Avertissement
Publier en 2025 un texte sur le viol initialement écrit en 2015 semblait *a priori* délicat compte tenu des changements profonds de perception des violences sexuelles consécutifs au phénomène lié à #metoo. Mais réflexion faite, à l'exception d'une mise à jour des statistiques (encadré 2), il est apparu intéressant de conserver le texte en l'état pour deux raisons essentielles. La première est de montrer la perception du viol, plus précisément du viol par partenaire intime – plus de la moitié des viols – il y a 10 ans. La seconde est finalement la pertinence du propos en 2024, où les questions soulevées par la reconnaissance du viol dans l'intimité par les victimes, les auteurs et la société dans son ensemble, restent d'actualité. Les révélations engendrées par #metoo se sont focalisées dans un premier temps sur des milieux professionnels ou institutionnels prestigieux : cinéma, radio, télévision, hôpital, écrivains, monde politique, sport, Église… Les mis en cause étant plutôt des célébrités. Par la suite, ainsi que l'attestent les statistiques, les dévoilements ont concerné majoritairement des victimes mineures de violences sexuelles.
Toutefois, on peut espérer que le retentissement du procès d'assises (septembre-décembre 2024), du crime multiple de Dominique Pelicot et de ses 51 complices, rendu public à la demande de la victime Gisèle Pelicot, permettra de changer le regard sur le viol conjugal.

Du strict point de vue du droit, la violence sexuelle se définit par l'absence de consentement du partenaire. Toutefois, cette définition ne va pas sans poser de problème. Dans l'intimité d'un couple où la sexualité tient une place singulière, avec des désirs parfois non réciproques, décalés, divergents, la notion de consentement peut apparaître floue et la hiérarchisation des violences sexuelles inopérante, reflétant de façon très artificielle la réalité vécue par les partenaires. La définition pénale du viol, qui implique la pénétration, est quant à elle fortement réductrice : où commence la violation corporelle alors que la violation mentale s'enclenche dès que la menace ou le chantage affectif sont proférés ?

Le viol est le plus souvent un crime de l'intimité, mais cette idée reste en partie impensée : l'abjection de quelques viols en série très médiatisés semble en effet faire écran, et les peurs collectives se focalisent sur des crimes d'individus déviants. Nombre de femmes ressentent une peur viscérale du viol par un ou des inconnus dans des espaces publics désertés, au point de restreindre leurs déplacements et la fréquentation de certains lieux. Les viols collectifs, particulièrement sordides, perpétrés dans des espaces et des milieux des plus divers, existent en effet et représentent environ 8 % de l'ensemble des viols. Mais dans les faits, les auteurs de violences sexuelles sont, le plus fréquemment, des personnes ordinaires. Huit viols sur dix sont perpétrés dans des endroits familiers par des agresseurs connus de leur victime. Si ces constats statistiques relativisent la part de ces crimes sexuels les plus effrayants, ils n'en diminuent pas pour autant la peur irrationnelle face à ce risque d'anéantissement décrit par Virginie Despentes : « De la peur de la mort, je me souviens précisément. Cette sensation blanche, une éternité, ne plus être rien, déjà plus rien. C'est la proximité de la mort, la soumission à la haine désabusée des autres qui rend cette nuit indélébile » (*King Kong théorie*, 2006).

Viol conjugal[1] : une reconnaissance tardive

Cette représentation contraste avec celle du viol conjugal, crime souvent mal compris d'autant que l'idée du devoir conjugal n'a pas totalement disparu. Il faut atteindre un degré avancé de contrainte pour que les rapports sexuels imposés par un partenaire – encore plus pour un partenaire régulier – soient perçus comme un viol. La reconnaissance des violences sexuelles perpétrées par un partenaire intime datait d'ailleurs d'une quinzaine d'années seulement, lorsqu'en 2000, l'enquête Enveff[2] a révélé que près d'une femme sur cent vivant en couple était victime de viol conjugal. Alors que la notion de viol conjugal était inconnue du grand public, et rejetée par les acteurs de terrain, entre autres les policiers chargés d'enregistrer les plaintes des victimes, le regard social sur la sexualité conjugale s'est transformé et nombre de femmes victimes ont pris conscience de l'illégalité de ce qu'elles subissaient au nom du devoir conjugal. Si l'on compare les enquêtes Enveff et CVS[3], la proportion de femmes ayant parlé de leur agression s'est quasiment inversée en 10 ans : en 2000, deux tiers avaient gardé le silence avant d'être enquêté; en 2009, deux tiers des victimes s'étaient déjà confiés à une autre personne.

1- L'auteur est un partenaire intime : mari, concubin, pacsé, amant, petit-ami, ancien ou actuel, cohabitant ou non.

2- Enquête nationale sur les violences envers les femmes en France réalisée en 2000 auprès de 7000 femmes.

3- Enquête « Cadre de vie et sécurité », 2009.

Au nom de l'amour

En général, les femmes savent établir la différence entre ébats sexuels partagés, coïts par habitude, pour faire plaisir, et rapports forcés. Si l'acceptation de pratiques pour faire plaisir est du domaine des arrangements conjugaux, se soumettre à des actes auxquels on répugne ressort de la violence. Parfois les frontières apparaissent floues entre arrangement et imposition, la sensation de dégoût se mêlant de sentiments de honte, de culpabilité et d'affection. La répétition de ces actes imposés perturbe durablement des conjointes amoureuses. Au nom de l'amour, doit-on tout accepter ?

Les femmes en situation de violence conjugale décrivent en détail les humiliations, les menaces, les brutalités, dont leur partenaire les assaille, mais elles parlent peu de sexualité, résumant une violence sexuelle subie par une évidence : « Il m'a violée. » Dans les situations les plus graves, les viols sont un moyen parmi d'autres de domination, une façon radicale de soumettre l'autre. Si les femmes résistent, les conséquences sont aussi destructrices : « Il ne supportait pas que je lui refuse un rapport sexuel, tous les jours, plusieurs fois par jour. Il en arrivait à me pousser du lit avec les pieds. J'allais dans une chambre à côté, il venait me chercher et ça recommençait... Il me disait "T'es qu'une merde", j'ai piqué des crises d'hystérie, je me tapais la tête contre le mur. »

Le chantage affectif, concocté au nom de l'amour, peut se faire très persuasif : « Tu ne sais pas ce qui est bon pour toi ; je t'aime tant, tu sais ; si tu m'aimes... » Comment ne pas céder à une pression amoureuse en passe de devenir une oppression, alors même que l'idéologie du don de son corps par amour, la frigidité féminine et l'irrépressible désir masculin sont encore très présents dans les représentations de l'amour et de la sexualité ?

Les violences sexuelles font aujourd'hui l'objet d'une réprobation morale croissante. Pourtant, en 2015, moins d'un viol sur dix seulement fait l'objet d'un dépôt de plainte. Les plaintes pour viols conjugaux sont encore rares, bien que la moitié des viols répertoriés par les enquêtes soient perpétrés par des conjoints, amants, petits amis. Ces dossiers de viols conjugaux sont souvent classés sans suite, en raison le plus souvent du retrait de la plainte ou du défaut d'administration de la preuve, car en l'absence de preuves matérielles tangibles, le jugement est soumis à l'arbitraire du « parole contre parole » de la victime et de l'accusé.

Ce qu'en dit le droit

Le Code pénal français établit une hiérarchie entre deux types de violence sexuelle.

- **L'agression sexuelle est un délit**, évalué par les tribunaux correctionnels. Elle concerne « toute atteinte sexuelle commise avec violence, contrainte, menace ou surprise » (article 222-22), sans pénétration.
- **Le viol est un crime** qui relève des cours d'assises : « Tout acte de pénétration sexuelle, de quelque nature qu'il soit, commis sur la personne d'autrui par violence, contrainte, menace ou surprise est un viol » (article 222-23). La pénétration désigne le coït, la fellation, la sodomie, l'introduction anale ou vaginale d'objets par un tiers.

Dans les deux cas, l'absence de consentement définit la violence sexuelle. D'autres systèmes juridiques (Canada, Suède) ne séparent pas le viol de l'ensemble des agressions sexuelles. C'est le contexte total de l'agression qui est pris en compte.

M. J.

Estimations peu fiables

En 2024, évaluer le nombre de viols en France et leur évolution demeure une opération ardue. Les estimations divergent sensiblement d'une enquête à l'autre, à cause de la pluralité des méthodes de collecte. Les taux annuels de femmes de plus de 18 ans victimes de viol et/ou tentative de viol varient de 0,5 % en 2000 (enquête Enveff) à 0,3 % en 2015 (enquête « Violence et rapport de genre » Virage), et 0,4 % en 2010-2015 (enquêtes « Cadre de vie et sécurité »). Ce qui, traduit en nombre de femmes victimes, correspond à environ 90 000 viols et tentatives de viols annuels, dont 6 % seulement ont fait l'objet d'un dépôt de plainte. Les enquêtes récentes annuelles VRS « Vécu et ressenti en matière de sécurité » publient le nombre cumulé de femmes victimes de viols, tentatives de viol et agressions sexuelles physiques, 230 000 en 2022, 270 000 en 2023. Le fait de rassembler en un seul chiffre les différents types de violences sexuelles limite la compréhension du phénomène. Quant aux statistiques de la police et de la gendarmerie, elles rendent davantage compte de l'activité de services que l'évolution des violences. L'augmentation importante des déclarations de violences sexuelles auprès des services de police ou de justice concerne surtout des mineures victimes de violences actuelles ou passées.

M. J.

Audrey Minart

Harcèlement sexuel au travail : des sources du mal aux solutions

On en parlait jusque-là plutôt à voix basse... Et pourtant, les blagues salaces et sexistes répétées, propositions de rendez-vous privés, souvent réitérées malgré les refus des destinataires, voire les attaques verbales, dénigrantes, insultantes, menaçantes, visant le sexe, relèvent toutes du harcèlement sexuel. Autant d'actes qui créent une atmosphère délétère dans l'organisation de travail, et qui sont susceptibles d'inférioriser les victimes, généralement féminines, qu'ils soient commis devant des collègues, trop souvent hilares, ou à l'abri des regards. Sans même parler des cas d'agressions physiques, des attouchements jusqu'au viol.

Un travail organisé au masculin

« Avant toute chose, il est très important de dire que les jeunes femmes démarrent dans une organisation du travail discriminatoire », assène Marie Pezé, docteur en psychologie, psychanalyste, et créatrice en 1997 de la première consultation « Souffrance et travail[1] ». « Elles subissent d'entrée 20 % de revenus en moins, un ralentissement de carrière du fait de leurs enfants, et donc une retraite diminuée... Notre pays organise le travail au masculin, et impose aux femmes de supporter beaucoup de choses pour conserver leur travail. » Position d'autant plus inconfortable qu'elles se retrouvent souvent à la tête de familles monoparentales et qu'elles occupent le plus souvent des postes de subordination « où il faut obéir ». « Sans cela, le phénomène du harcèlement sexuel au travail n'aurait très probablement pas la même ampleur. » Et ce n'est pas faute de réfléchir, chaque matin, à la tenue qui permettra de parer les éventuelles

1- Elle a publié notamment *Ils ne mouraient pas tous mais tous étaient frappés* (Flammarion, 2009), *Je suis debout bien que blessée. Les racines de la souffrance au travail* (Josette Lyon, 2014), *Prévenir et soigner le burn out* (First, 2022). Le réseau comporte désormais 200 consultations Souffrance et travail.

attaques. « Il faut afficher une féminité qui ne soit pas excessive : porter des bijoux, mais pas trop, être coiffée, mais pas trop, maquillée, mais pas trop… C'est toujours à leur charge de trouver le bon dosage. » Ce qui ne les protège pour autant pas d'un sexisme ordinaire, ou d'un paternalisme bienveillant, qui vient conforter leur « infériorisation ». « Celles qui veulent faire carrière doivent alors soit s'aligner sur des valeurs assez agressives et masculines qui prévalent dans le management, soit se contenter de postes de secondes, où la connotation sexuelle va toujours finir par apparaître. » Plus ou moins tolérée par le dirigeant ou responsable de service…

Pourtant, le bourdonnement des blagues salaces, sexistes, ces frontières entre professionnel et personnel maintes fois franchies par de simples paroles, peuvent venir insidieusement grignoter la confiance en soi. « Entendre au jour le jour des plaisanteries plus ou moins douteuses sur les règles, les seins, le sexe, la grossesse, les cerveaux de blondes, etc., vient abraser l'estime de soi, poursuit Marie Pezé. Il devient difficile de s'affirmer, de prendre la parole en public, surtout quand on vous dit que vous avez une voix de harpie. On va toujours contester votre position d'autorité. » Et contrairement à ce que l'on aurait pu espérer, les femmes ne se défendent pas toujours entre elles… « Moi je me suis débrouillée pour ne pas me retrouver dans cette situation-là, je ne comprends pas pourquoi elle n'en fait pas autant », en penseront beaucoup. Globalement, « on voit bien qu'un boulot de femme ne vaut pas autant qu'un boulot d'homme, poursuit Marie Pezé. Mais on attendra toujours d'elles qu'elles développent toutes les fameuses vertus dites “féminines”, et notamment d'écouter ces messieurs quand ils ont un chagrin d'amour. » Chez celles qui subissent des assauts sévères, la psychanalyste a pu constater, dans ses consultations, des évolutions vers des compensations anxio-dépressives, avec des « manifestations somatiques dans la sphère gynécologique » : aménorrhées, métrorragies, kystes ovariens, voire cancers, ce que la psychanalyste attribue aux attaques de la féminité au quotidien. « Le corps des femmes n'est pas la mesure de l'organisation du travail. L'étalon, c'est le corps masculin. » Soulignons aussi que dans un contexte de crise économique, ces comportements peuvent empirer : « Il y a parfois radicalisation des comportements virils, qui les poussent jusqu'à la caricature. Nous sommes alors dans des ambiances de challenge, de pression… On convoque la compétition masculine, virile. Et on encourage l'humiliation de l'adversaire. Si c'est une femme, ce sera souvent sous la forme du dénigrement sexuel. »

Le poids du silence

Même si les langues se délient aujourd'hui, le silence semble encore régner en maître dans l'entreprise. Déjà, du côté des victimes. « D'abord, c'est du sexuel. Ça convoque la sphère de l'intime, de la pudeur… Et les femmes ont bien compris que cela se retournerait contre elles si elles parlaient. Que s'il fallait faire un choix entre elles et le harceleur, elles ne seraient pas choisies. On leur répond aussi souvent qu'elles exagèrent, qu'elles doivent se débrouiller, que c'est la nature des hommes qui en fait des prédateurs sexuels et qu'il revient à la nature des femmes de faire avec : de ne pas les exciter, les énerver, et de fonctionner avec cette sexualité débordante qui en ferait des animaux. »

Selon Ariane Calvo[2], qui a travaillé dix ans dans les ressources humaines avant de devenir psychologue, s'ajoute à cela un pesant déni dans l'entreprise : « Personne ne veut reconnaître que son groupe d'appartenance est faillible… C'est un réflexe de sécurité affective de base. En effet, l'entreprise fonctionne un peu comme une structure proche de la famille où on rejoue certaines choses, notamment avec les figures parentales dont on attend des valorisations. Ce n'est pas une attente adaptée, mais dans toute relation humaine circule de l'affectif. » On trie alors les informations négatives pour pouvoir continuer à fonctionner, et pour ne pas remettre en question « quelque chose d'aussi structurant que le travail ». Or, ce silence systémique pèse sur la victime. « Dans les mécanismes d'emprise, l'abuseur transfère le sentiment de honte sur sa victime, qui se sent responsable. C'est pire encore pour les femmes qui ont l'habitude de culpabiliser à propos de tout ce qui se passe autour d'elles. Elles n'en parlent donc pas, ce qui entretient leur culpabilité. » Et si ce silence vient à être brisé, on leur reproche souvent de n'avoir pas parlé plus tôt. Ce qui exaspère Ariane Calvo. « Dans les mécanismes traumatiques, il y a dissociation : on ne peut pas, physiologiquement, parler tout de suite de ce qui s'est passé. Pour cela, il faut que le taux de cortisol retombe, pour commencer à y réfléchir. En attendant, on éprouve des difficultés de concentration. Dévasté par la culpabilité et la honte, on se répète qu'on s'est laissé faire, qu'on a gardé le silence et qu'en plus on a tellement de mal à se concentrer qu'on fait n'importe quoi. » Souvent, l'agresseur est un supérieur hiérarchique, qui impose son grade, et sa puissance, pour faire taire la victime.

2- Elle a notamment publié *Manuel d'auto-défense contre les violences psychologiques-Se protéger et s'en sortir* (First, 2020), et *L'Élan vital. Une ressource singulière à chacun* (First, 2018).

« Tout le monde a intérêt à ce qu'il ne se passe rien par confort personnel. Pas par puissance de l'agresseur. »

Et quand la victime trouve le courage de parler, le silence de l'entreprise, en écho, peut venir empirer son état. « C'est sournois. Le fait que personne n'en fasse rien lui démontre qu'elle a dramatisé ce qu'il s'est passé... Elle peut alors se dire que c'était de sa faute, qu'elle l'avait un peu cherché, qu'elle ne s'est pas défendue... Et cela perdure des années après. » La psychologue conseille, en prévention, de mettre en place une forme d'éducation aux conséquences du traumatisme chez les victimes dans l'entreprise, par exemple à travers des campagnes d'affichage. « C'est dissuasif, car on expose en plein jour les mécanismes, et on apprend aux éventuelles victimes à les reconnaître, ce qui désamorce l'engrenage de culpabilisation, qui amène le silence. » L'absence d'action de l'entreprise peut aussi s'expliquer par la peur de la moquerie chez les supérieurs. « Même si cela les met mal à l'aise, ils préfèrent souvent ne rien faire puisque, depuis toujours, c'est aux femmes de composer avec ça », complète Marie Pezé.

Une justice « androcentrée » ?

D'autant plus que, malgré la loi du 6 août 2012 relative au harcèlement sexuel, les dirigeants semblent encore mal en connaître la définition[3]. « Tellement d'hommes pensent encore qu'une petite gâterie n'est pas un viol, poursuit Marie Pezé. Nous avons des textes de loi très clairs, les intentions sont magnifiques, mais nous baignons encore dans un jus social complètement rétrograde », non régulé par une justice qu'elle juge « androcentrée ». Et de raconter l'histoire de cette jeune femme mariée qui a plusieurs fois fait l'objet d'attouchements en public par son supérieur lors de fêtes annuelles. La seconde fois, elle est « sauvée » par un autre responsable qui, en la ramenant à son hôtel, lui formule dans l'ascenseur : « Tu sais bien que dans cette boîte, pour y arriver, il faut coucher », avant d'appuyer sur le bouton de son propre étage. « Elle a fini par passer la nuit avec lui en plein état de stress post-traumatique. L'année qui a suivi, elle a pris trente kilos, et son couple a commencé à péricliter, jusqu'à ce que son mari comprenne ce qui s'était produit et l'encourage à porter plainte. » Malgré les nombreux témoins pouvant attester de la première

3- Selon l'article 1 : « Le harcèlement sexuel est le fait d'imposer à une personne, de façon répétée, des propos ou comportements à connotation sexuelle qui soit portent atteinte à sa dignité en raison de leur caractère dégradant ou humiliant, soit créent à son encontre une situation intimidante, hostile ou offensante. »

agression, elle devrait perdre son poste. Concernant la seconde, « les juges ne voudront pas entendre parler d'un viol, même si elle était en état de choc. La loi est faite par des hommes pour des hommes : l'absence de résistance signifie consentement, même quand les femmes sont en état de sidération ou craignent les violences physiques. »

Espérons que la libération de la parole, encouragée depuis 2017 par le mouvement #metoo, continue à grignoter ce solide entrelacement de comportements hostiles et d'apathie des témoins, encore trop souvent épargné par un colossal sentiment d'impunité.

Ce texte a été publié pour la première fois en février 2018 et révisé pour la présente édition.

Réagir à la source ?

Si l'idéal, pour prévenir le harcèlement sexuel, est bien évidemment d'intervenir au plus tôt, et notamment dans l'éducation des garçons, que faire avec les adultes actuels ? Diplômée de l'Institut Gregory Bateson en thérapie systémique et stratégique, fondatrice du centre de consultation et de formation Chagrin Scolaire, Emmanuelle Piquet est spécialiste du harcèlement scolaire[1]. Sans pour autant dédouaner les harceleurs, il faudrait selon elle apprendre aux jeunes filles à se défendre dès la première allusion. « Le problème dans le harcèlement c'est que la victime croit qu'elle n'a aucun impact sur la situation. Mais on ne peut pas laisser entendre à qui que ce soit, et notamment à des jeunes filles ou femmes, qu'elles auront toute leur vie besoin des autres, plus forts, ou d'une autorité, pour les défendre. » Elle leur conseille ainsi de s'entraîner à imaginer comment elles pourraient répondre dès le premier comportement limite. « Quand on n'est pas préparée, on est souvent impuissante. » Elle regrette également la crainte du licenciement si elles ne se soumettent pas. « Je pense pourtant que celles qui se soumettent finissent par perdre leur job, parce que quand on se fait harceler sans rien dire, on risque de perdre peu à peu confiance en soi, et d'être tétanisé à l'idée d'aller travailler. On ne peut pas être performant dans cette situation. » Faisant référence

1- Également maître de conférences à l'Université de Liège depuis 2020, Emmanuelle Piquet a notamment publié avec Jean-François Marmion (co-auteur) et Camille Blandin (dessinateur) *Manuel de survie face aux harceleurs et autres brutes de la cour d'école* (Les Arènes, 2024), avec Lisa Mandel (illustratrice) *Allez les filles ! (Je me défends du sexisme)* (Albin Michel Jeunesse, 2020) et *Te laisse pas faire ! Aider son enfant face au harcèlement à l'école* (Payot, 2014).

aux violences conjugales, la thérapeute remarque que tout commence généralement avec quelque chose d'anodin. « C'est au début qu'il faut répondre. Si c'est trop tard, on est déjà tétanisé. »
Il peut s'agir, si l'on reçoit des emails tendancieux, de prévoir un « répondre à tous », en incluant collègues et supérieurs, du type : « Je crois que vous vous êtes trompé de destinataire. » Ou encore, en cas de drague lourde en *open space*, de dire à haute voix : « Je t'ai déjà dit que je n'étais pas disponible. Faut-il que je t'envoie un courrier ? » Même si la thérapeute reconnaît que ce n'est pas toujours évident, cela peut permettre de créer un inconfort chez l'autre, qui va hésiter à recommencer. Quant à alerter le CSE (Comité social et économique), ou le service des ressources humaines, même si c'est incontournable dans certains cas : « En imaginant que tout le monde fasse son travail et que ce soit sans conséquences sur la personne qui a osé s'exprimer, ce qui n'est pas gagné, elle risque tout de même de changer de service. C'est donc double peine. Et si la situation se reproduit, elle n'aura toujours pas les moyens de se défendre en allant puiser dans ses ressources. C'est cela qui m'ennuie : on reste vulnérable. » Et de regretter encore que l'on éduque les jeunes filles à toujours sourire, ce qu'elles reproduisent adultes même dans des situations de réflexions misogynes. « Il faut au contraire qu'elles se défendent ! Mais certaines ne l'ont même pas imaginé… Parce qu'on ne leur a pas dit. Parce qu'on ne les a pas autorisées. Évidemment ça demande du courage, de la créativité, de la confiance en soi… Justement, quand on est déjà vulnérable, c'est encore plus difficile. » Des conseils qui valent bien évidemment pour les actes les plus « anodins ». Dès que la situation s'aggrave, le plus judicieux reste sans doute de se tourner vers des acteurs spécialisés en la matière, et, au besoin, externes à l'entreprise (associations, juristes, professionnels de santé, cliniciens spécialisés, etc.).

A. M.

Jean-François Marmion

Ces violences dont on ne parle jamais

Les personnes handicapées mentales sont réputées des cibles faciles pour les violences sexuelles. Mais peut-on toujours parler d'agression ou d'abus ? Catherine Agthe Diserens, auteure de *Sexualité et handicaps : entre tout et rien*… et sexopédagogue spécialisée, ancienne présidente de l'association suisse SExualité et Handicaps Pluriels (SEHP), invite à distinguer plusieurs situations délicates. D'abord, tout dépend si les agresseurs ou présumés tels sont eux-mêmes valides ou non.

Dans le premier cas, il est malaisé pour la personne handicapée psychique de discriminer ce qui relève de l'abus. « Avec un déficit mental profond, quand une personne a 2 ou 3 ans d'âge mental, comment voulez-vous qu'elle prenne conscience que quelqu'un effectue un geste déplacé ? », constate ainsi Catherine Agthe Diserens. La situation est d'autant plus complexe dans le cadre d'un polyhandicap, où la personne est entièrement dépendante des soins, des gestes, du toucher d'autrui. « La personne concernée n'est même pas consciente de ce qui lui arrive », explique la sexopédagogue. Et quand bien même, l'abus – qui provoque parfois du plaisir – émane presque toujours d'individus connus, dont elles dépendent, en qui elles ont confiance, ce qui rendrait d'autant plus délicate une dénonciation.

Quand l'agresseur croit bien faire

« Je ne considère pas comme des abus sexuels, nuance Catherine Agthe Diserens, les situations où le jeune attrape lui-même la main des parents pour être masturbé parce qu'il n'y parvient pas tout seul. Il est dans un tel désert de sensualité qu'au fond, les parents, qui sont parfois seuls à intervenir sur ce corps, sont acculés à devoir répondre à son regard suppliant, avec humanité et non pour leur propre plaisir. C'est parfois aussi un moyen d'éviter l'automutilation chez certains autistes, par exemple. Les parents se passeraient bien de ce geste, mais ils expriment avec désespoir que de toute façon, personne d'autre ne "s'en chargera". En effet, la déontologie des professionnels le leur interdit[1]. »

Quant aux abus commis par une personne elle-même handicapée psychique, là aussi l'affaire est complexe puisqu'elle ne se rend pas forcément compte qu'elle ne peut se permettre certains gestes. Il ne va donc pas de soi de parler d'abus à part entière. La sensibilisation de tous les protagonistes s'avère ainsi un combat nécessaire, mais dont les effets peuvent être pernicieux. Car les familles peuvent se retrouver dans la terreur de voir des professionnels abuser de leurs enfants. Quant aux premiers concernés... « Pendant des années nous leur avons appris, moi la première, que c'est eux qui décidaient comment et qui les touchait ou non, et à force de prévention, voici que certaines femmes handicapées mentales n'acceptent même plus des témoignages d'affection naturelle et ordinaire, pour aussitôt s'exclamer "Mon corps c'est mon corps, tu ne dois pas me toucher". Reconnaissons que le paradoxe réside dans le fait que la personne handicapée doit faire confiance à son entourage pour avancer dans la vie, et à la fois devrait se méfier de tout le monde ! À mon avis, la prévention des abus sexuels est souvent plus utile pour l'entourage familial et professionnel que pour la personne elle-même, lorsque le handicap mental est sévère », remarque Catherine Agthe Diserens.

La chape de silence

Il est une autre forme de violence que les professionnels eux-mêmes répugnent à regarder en face : celle que subissent les personnes âgées. Une violence supposée plus fréquente à domicile qu'en maison de retraite ou en établissement d'hébergement pour personnes âgées dépendantes (EHPAD). Et qui émanerait alors principalement des soignants, mais aussi des aidants. En d'autres termes, des enfants eux-mêmes. Les violences psychologiques exercées incluent l'infantilisation, l'humiliation, avec des tons, des mimiques et des surnoms encore plus blessants quand ils s'adressent à des gens qui n'ont rien perdu de leurs facultés cognitives. Mais d'autres sont plus pernicieuses, comme l'explique Claude Rougeron, docteur en éthique médicale, ex-professeur de médecine générale à l'université de Versailles-Saint-Quentin, et auteur de *Pour une éthique renouvelée de la santé publique : l'accès*

1- Sur l'assistance sexuelle des personnes handicapées, voir l'entretien avec Marcel Nuss, « Les handicapés et le sexe », *Le Cercle Psy* n° 7, décembre 2012/janvier-février 2013.

aux soins en médecine générale[2] : « En tant qu'élu local travaillant au Centre communal d'action sociale, je constate des négligences presque caricaturales par défaut de contact ou d'apport du minimum vital, alors que les enfants n'habitent pas toujours loin. Il est parfois très difficile de les joindre pour monter des dossiers d'obligation alimentaire. Et, même à l'aise financièrement, ils peuvent décréter qu'ils ne donneront pas plus de 20 euros par mois. » Et ne parlons pas des procédures engagées par les enfants pour déloger leur parent survivant et vendre la maison…

La violence physique, elle, n'est pas toujours facile à établir par le médecin traitant, quand bien même elle peut être soupçonnée. « Une vraie difficulté dans le repérage et le diagnostic est de faire reconnaître à la victime qu'elle a été battue, indique Claude Rougeron. Elle peut dissimuler la violence : "Qu'est-ce que c'est que ces marques ? — Oh, je me suis cognée dans le buffet… Vous savez, à mon âge, on tient plus trop en équilibre !" »

Plus rarement, les coups sont évidents et les victimes les admettent. Mais sans porter plainte, par peur de représailles, par honte ou refus de nuire à leur progéniture. Ce qui rend problématique un signalement à leur corps défendant. En outre, le médecin voit rarement une personne âgée seule. « En maison de retraite, jamais, précise Claude Rougeron. Même à domicile, il y a souvent un aidant, un auxiliaire de vie. Il arrive que l'aide ménagère seule dispose des clefs, et impose sa présence. On se trouve souvent dans cette situation de doute, avec des indices trop ténus pour légitimer l'aide d'une assistante sociale. »

L'évocation de ces violences provoque le même malaise que celles perpétrées à l'égard des enfants et des femmes, observe Claude Rougeron : « C'est connu, on l'entend de l'autre côté du mur en appartement, mais on n'en parle surtout pas. On n'a pas à se mêler des affaires d'autrui. C'est une énorme chape de silence. Le déni va loin, y compris parmi les professionnels ou les chercheurs sensibilisés. »

2- L'Harmattan, 2013.

Quelques chiffres

En France, environ 40 % des femmes présentant un handicap physique et de 40 % à 70 % des femmes présentant une déficience intellectuelle seront victimes d'au moins une agression sexuelle, d'après *Le Livre noir des violences sexuelles*[1], y compris dans le milieu familial. Environ 5 % des personnes âgées seraient victimes de maltraitance à leur domicile, d'après l'Organisation mondiale de la santé (OMS). Sans surprise, cette violence se constate dans tous les milieux sociaux.

J.-F. M.

1- Muriel Salmona, Dunod, 2013.

Ont contribué à cet ouvrage

Hugo Albandea
Journaliste scientifique.

Véronique Bedin
Ancienne directrice des éditions Sciences Humaines.

Laurent Bègue-Shankland
Actuellement professeur de psychologie sociale à l'université Grenoble Alpes et directeur de la Maison des Sciences Humaines Alpes (UGA/CNRS) et éditeur associé de la revue *Psychology of Violence* de l'association américaine de psychologie (APA). Il a publié une centaine d'articles de recherche et chapitres, dont *Psychologie du bien et du mal* (Odile Jacob, 2023) et *Face aux animaux. Nos émotions, nos préjugés, nos ambivalences* (Odile Jacob, 2022).

Philippe Braud
Professeur des universités à l'Institut d'Études Politiques de Paris. Auteur notamment de *Violences politiques* (Seuil, 2004).

Justine Cannone
Journaliste scientifique.

Jean-François Dortier
Humanologue, fondateur des revues *Sciences Humaines* et *L'Humanologue*. Il est l'auteur de nombreux ouvrages dont *L'Homme cet étrange animal*, *De Socrate à Foucault*, *Toute la philosophie en 4 questions* ou bien encore *La marche de l'histoire* avec Vincent Citot (Éditions Sciences Humaines 2012, 2018, 2022, 2024).

Martine Fournier
Journaliste, ancienne rédactrice en chef du magazine *Sciences Humaines*.

Hélène Frouard
Journaliste scientifique.

Martin Gibert
Docteur en philosophie, spécialisé en psychologie morale, auteur de *L'Imagination en morale* (Hermann, 2014), et de *Voir son steak comme un animal mort* (Lux, 2015).

Jean Guilaine
Archéologue, professeur au Collège de France et directeur d'études à l'EHESS. Il a publié, en collaboration avec Jean Zammit, *Le Sentier de la guerre. Visages de la violence préhistorique* (Seuil, 2001) et, tout récemment, *Les Néolithiques et nous. Sommes-nous si différents ?* (Odile Jacob, 2025).

Gilles Herreros
Professeur émérite de Sociologie Université Lyon 2, membre du Centre Max Weber-CNRS. Il est notamment l'auteur de *La Violence ordinaire dans les organisations. Plaidoyer pour des organisations réflexives* (Érès, 2012), « Vers des organisations réflexives, pour un autre management », *Nouvelle Revue de psychosociologie*, n° 13, juin 2012 et *L'intervention sociologique dans les organisations.*

Retours sur une sociologie clinique (Érés, 2023).

Bruno Humbeeck
Psychopédagogue, docteur en sciences de l'éducation de l'université de Rouen et directeur de recherches au sein du service des sciences de la famille de l'université de Mons (Belgique).

Antoine Jardin
Chercheur au Centre d'études européennes de l'Institut d'études politiques de Paris. Il a collaboré à l'ouvrage de Gilles Képel, *Terreur dans l'Hexagone. Genèse du djihad français*, (Gallimard, 2015).

Maryse Jaspard
Sociologue et démographe, elle a dirigé en 2000 Enveff, première enquête en France sur les violences envers les femmes, et a notamment publié *Je suis à toi, tu es à moi. Violence et passion conjugales* (Payot, 2015).

Philippe Jeammet
Pédopsychiatre, professeur des universités, praticien hospitalier (PU-PH) émérite de psychiatrie et psychanalyste. Il est notamment l'auteur de *Quand nos émotions nous rendent fous. Un nouveau regard sur les folies humaines* (Odile Jacob, 2017).

Nicolas Journet
Anthropologue, journaliste scientifique.

Héloïse Junier
Psychologue spécialisée en petite enfance et journaliste scientifique.

Béatrice Kammerer
Journaliste scientifique spécialiste de l'éducation. Elle a notamment dirigé avec Héloïse Lhérété *L'Éducation positive face à ses limites* (Sciences Humaines, 2024).

Bruno Humbeeck
Docteur en sciences de l'éducation, psychopédagogue et directeur de recherches à l'université de Mons. Auteur, entre autres, de *Quelle pédagogie pour mon enfant? Histoires et contre-histoire de la pédagogie* (Mardaga, 2021).

David Le Breton
Professeur émérite de sociologie à l'université de Strasbourg. Titulaire de la chaire «Anthropologie des mondes contemporains» à l'Institut des Études Avancées de l'Université de Strasbourg (USIAS). Il est notamment l'auteur de *La fin de la conversation? La parole dans une société spectrale* (Métailié, 2024), *Cicatrices. L'existence dans la peau* (Métailié, 2024), *Des visages. Une anthropologie* (Métailié, 2022), *Anthropologie des émotions. Être affectivement au monde* (Petit Bibliothèque Payot, 2021).

Jean-François Marmion
Psychologue, ancien rédacteur en chef du *Cercle Psy*. Il est le directeur de nombreux ouvrages, dont *Psychologie de la connerie* ou bien encore *Histoire universelle de la connerie*.

Régis Meyran
Docteur en anthropologie. Chercheur contractuel à l'EPHE, Paris.

Audrey Minart
Journaliste scientifique.

Marwan Mohammed
Sociologue et chargé de recherche au CNRS. Il a notamment publié

La formation des bandes. Entre les familles, l'école et la rue (PUF, 2011) et *« Y› a embrouille ». Sociologie des rivalités de quartiers* (Stock, 2023).

Cédric Moreau de Bellaing
Maître de conférences à l'ENS-Ulm, il est l'auteur de *Force publique. Une sociologie de l'institution policière* (Economica, 2015).

Maud Navarre
Docteure en sociologie. Journaliste scientifique.

Cécile Peltier
Rédactrice en chef adjointe du magazine *Sciences Humaines*.

Philippe Robert
Directeur de recherche émérite au CNRS, co-responsable de l'Observatoire scientifique du crime et de la Justice. Il a, entre autres, écrit *Sociologie du crime* (La Découverte, coll. Repères, 2005), *L'insécurité en France* (La Découverte, coll. Repères, 2002) et avec Renée Zauberman *Mesurer la délinquance* (Presses de SciencesPo, 2011) et *Du sentiment d'insécurité à l'État sécuritaire* (Le Bord de l'Eau, 2017).

Laurent Testot
Journaliste et conférencier, auteur notamment de *Cataclysmes. Une histoire environnementale de l'humanité* (Payot, rééd. 2018), il a dirigé de nombreux ouvrages aux éditions Sciences Humaines comme *La grande histoire de l'Afrique* (2023), *Les Lumières. Une histoire de la pensée* (2022), *Les Sagesses orientales* (2021) ou bien encore écrit *Histoire globale du monde* (2024).

Yvane Wiart
Docteure en psychologie, spécialiste de l'attachement et du stress. Elle a publié, entre autres, *L'attachement, un instinct oublié* (Albin Michel, 2011) et *La Perversion relationnelle. Comment vaincre la violence psychologique* (Le Courrier du livre, 2017)

Renée Zauberman
Directrice de recherche émérite au CNRS (Centre de recherches sociologiques sur le droit et les institutions pénales, CESDIP), co-responsable de l'Observatoire scientifique du crime et de la justice OSCJ. Elle a, entre autres, écrit avec Philippe Robert *Mesurer la délinquance* (Presses de SciencesPo, 2011) et *Du sentiment d'insécurité à l'État sécuritaire* (Le Bord de l'Eau, 2017).

Dans la collection
Ouvrages de synthèse

- *Histoire globale du monde*, sous dir. L. Testot, 2024
- *Histoire et philosophie des sciences*, sous dir. T. Lepeltier, 2022
- *L'Anthropologie. Objets, histoire, courants*, sous dir. G. Gaillard et N. Journet, 2022
- *Le Langage. Nature, structure, apprentissage, usage*, Collectif, 2022
- *La Sociologie. Histoire, idées et courants*, J.-L. Fabiani, 2021
- *La Santé. Un enjeu de société,* sous dir. H. Frouard et C. Halpern, 2021
- *Psychologie. Une exploration*, sous dir. J.-F. Marmion, 2019
- *Les Religions. Des origines au IIIe millénaire*, sous dir. J.-F. Dortier et L. Testot, 2017
- *La Communication. Des relations interpersonnelles aux réseaux sociaux*, sous dir. J.-F. Dortier, 2016
- *Les Organisations. État des savoirs*, sous dir. J.-M. Saussois, 2016
- *Identité(s). L'individu, le groupe, la société*, sous dir. C. Halpern, 2016
- *Éduquer et former. Connaissances et débats en Éducation et Formation*, sous dir. M. Fournier, 2016
- *Les Sciences Humaines. Panorama des connaissances*, J.-F. Dortier, 2015
- *Histoire globale. Un autre regard sur le monde*, sous dir. L. Testot, 2015
- *Le pouvoir. Concepts, lieux, dynamiques*, sous dir. J.-V. Holeindre, 2014
- *L'individu contemporain. Regards sociologiques*, sous dir. X. Molénat, 2014
- *Le Cerveau et la Pensée. Le nouvel âge des sciences cognitives*, sous dir. J.-F. Dortier, 2014
- *La Morale. Éthique et sciences humaines*, sous dir. N. Journet, 2012

Achevé d'imprimer en France en mars 2025
sur les presses numériques de l'Imprimerie Maury S.A.S.
Z.I. des Ondes – 12100 Millau

N° d'impression : L24/76387L
Dépôt légal : premier trimestre 2025